TOUT RÉUSSIR AU JARDIN AVEC LA LUNE 2022

23 plantes faciles à cultiver

Semis • Plantations • Boutures • Taille • Soins

100 idées jardin

TOUT RÉUSSIR AU JARDIN AVEC LA LUNE 2022

23 plantes faciles à cultiver

Semis • Plantations • Boutures • Taille • Soins

massin

SOMMAIRE

INTRODUCTION

JARDINEZ AVEC LA LUNE

L'INFLUENCE DE LA LUNE A TOUJOURS ÉTÉ PRISE EN CONSIDÉRATION PAR LES PAYSANS ET LES JARDINIERS, MAIS DISONS-LE CLAIREMENT : À CE JOUR, ELLE N'EST TOUJOURS PAS DÉMONTRÉE. PAS PLUS QU'ELLE N'EST SCIENTIFIQUEMENT RÉFUTÉE. QU'À CELA NE TIENNE : SUIVRE LA COURSE DE L'ASTRE LUNAIRE DANS LE CIEL EST UN BON OUTIL POUR ORGANISER LES TRAVAUX, POUR RYTHMER L'ANNÉE DU JARDINIER.

[1]
DÉCOUVREZ LES RYTHMES DE LA LUNE

La Lune est un satellite de la Terre. Terre qui tourne sur elle-même tout en suivant une course annuelle autour du Soleil. Cet astre lui-même est en mouvement dans la Voie lactée. Un immense mécanisme cosmique qui a de quoi donner le tournis ! Observons de plus près les différents déplacements des planètes, leurs courses et leurs rythmes.

LE RYTHME SYNODIQUE : LES PHASES DE LA LUNE

La Lune connaît deux grands rythmes. Dans sa révolution « synodique », elle fait un cycle autour de la Terre durant 29 jours (et 12 h, 44 minutes, 2 secondes). Elle est alors diversement éclairée par le Soleil. La Lune est dite croissante, de la « nouvelle lune » (lorsque, placée entre le Soleil et la Terre, elle est invisible pour nos yeux) à la « pleine lune », où elle nous apparaît entièrement éclairée. La Lune est dite décroissante lorsque « pleine », elle redevient « nouvelle ».

Les quatre étapes d'une lunaison

On détermine quatre phases lunaires selon la façon dont l'astre de la nuit nous apparaît, c'est-à-dire la manière dont il réfléchit la lumière du Soleil. Entre chacune d'elles, la Lune est dite « gibbeuse ».

Nouvelle lune

Ce sont les sombres nuits sans lune, lorsque la face de cet astre éclairé par le Soleil est invisible depuis la Terre.

Premier quartier

La partie visible de la Lune (car éclairée par le Soleil) s'agrandit petit à petit. Le croissant progresse jusqu'à occuper la moitié de l'astre.

Pleine lune

La Lune nous apparaît dans sa totalité.

Dernier quartier

La partie éclairée de la Lune occupe la moitié de l'astre et décroît lentement vers la nouvelle lune.

Ce n'est pas ce cycle qui est suivi dans les calendriers lunaires actuels. Mais n'hésitez pas à expérimenter (cf p. 16) les influences supposées de la Lune sur les cultures. Ainsi que les conseils donnés par les Anciens. Ils avaient ainsi déduit que la vitalité croissait avec la lumière lunaire. Par conséquent, c'est à l'approche de la pleine lune que l'on recommande de récolter les légumes qui se conserveront alors mieux. Lorsque la lumière lunaire diminue (donc lorsqu'elle est décroissante), la plante possède moins de vitalité… mais ses propriétés sont intensifiées : les légumes sont plus colorés, parfumés, savoureux…

À VOUS DE JOUER

CROISSANTE OU DÉCROISSANTE ?

Projetez un trait vertical du côté creux du croissant de lune. Si vous lisez un « d », vous êtes « dernier quartier », la lune est décroissante. Si vous lisez un « p », comme « premier quartier », la lune est croissante.

LE RYTHME TROPIQUE : QUAND LA LUNE MONTE ET DESCEND...

La Lune tourne autour de la Terre durant 27 jours (et 32 minutes). Sa course autour de notre planète (le rythme tropique) s'effectue sur un plan qui n'est pas linéaire. Ainsi, vue de la Terre, jour après jour, la lune « monte » puis « descend ». Elle influe alors sur la pression de la sève dans les végétaux. C'est cette phase qui recommande les différents travaux à effectuer dans le jardin.

Lorsque la Lune est montante, la sève s'élève dans les végétaux. La période est idéale pour les semis, la récolte des légumes-fruits, fleurs et feuilles qui seront alors plus tendres, juteux, goûteux... Quand la Lune est descendante, la sève se mobilise au niveau des racines et le sol absorbe mieux. Les plants repiqués ou installés en pleine terre émettent plus facilement des radicelles et « reprennent mieux ». Les tailles et pincements cicatrisent plus aisément.

C'est également le bon moment pour épandre du compost et autres fertilisants. En lune descendante, on récolte les légumes-racines, qui auront accumulé plus de réserves, seront plus savoureux et se conserveront mieux.

À VOUS DE JOUER

LUNE MONTANTE OU DESCENDANTE ?

Pour le déterminer, choisissez un repère fixe (le haut d'un arbre, d'une maison). Observez où la Lune se situe et revenez le lendemain, 2 heures plus tard : selon que l'astre se trouve plus haut ou plus bas, vous déduirez que la Lune est montante ou descendante.

LE RYTHME SIDÉRAL : SUIVRE LE ZODIAQUE

Nous venons de voir que la Lune connaît une révolution synodique et tropique. Elle a également un rythme « sidéral ». Dans sa course autour de la Terre, elle passe devant des groupes d'étoiles, des constellations. En reliant certaines d'entre elles par des lignes imaginaires, les hommes de l'ancienne Perse dessinèrent un bestiaire imaginaire, un zodiaque (du grec *Zodiacos*, littéralement « cercle de petits animaux »). Chacune des étoiles de ces constellations est l'équivalent de notre Soleil. On peut donc imaginer que ces planètes puissent, elles aussi, influencer la croissance des végétaux. Tel est le postulat de l'agriculture biodynamique, et notamment de Maria Thun qui poursuivit des expérimentations pendant plus de 30 ans.

Le zodiaque est divisé en 4 groupes de constellations, qui auraient, chacun, une influence particulière sur un des quatre éléments (terre, eau, air, feu) et dans les processus de vie et de croissance des plantes :

Jours-fruits

Les constellations de feu (Bélier, Lion, Sagittaire) seraient bénéfiques aux végétaux cultivés pour leurs graines, aux légumes-fruits : tomate, pois…

Jours-racines

Les constellations de terre (Taureau, Vierge, Capricorne) seraient favorables aux légumes-racines, dont on consomme la partie enterrée.

Jours-feuilles

Les légumes-feuilles comme les salades ou l'asperge deviendraient plus tendres et savoureux grâce aux constellations d'eau : Cancer, Scorpion, Poissons.

Jours-fleurs

Gémeaux, Balance et Verseaux appartiennent aux constellations d'air et seraient bénéfiques aux légumes-fleurs : artichauts, brocoli…

[2]
LE SILLAGE DU SOLEIL

Dans notre zone de l'hémisphère Nord, le jour le plus court de l'année a lieu le 21 décembre. Il s'agit du solstice d'hiver. Tout semble au repos dans la nature, certains animaux, le sol et la plupart des plantes. L'année solaire débute. Le soleil monte de plus en plus haut dans le ciel pendant 6 mois. Les températures augmentent tout comme la durée du jour. La sève monte. C'est une période intense de croissance des végétaux.
Le 21 juin a lieu le jour le plus long de l'année : il s'agit du solstice d'été. Le soleil amorce dans le ciel une course descendante. Aux semis succèdent les récoltes. La vigueur de la sève semble s'apaiser doucement. La durée du jour diminue de plus en plus, les températures se rafraîchissent, les végétaux finissent leur cycle annuel ou entrent en repos.

À DÉCOUVRIR : LE CALENDRIER LUNI-SOLAIRE
Comme partout et de tout temps, les paysans chinois ont observé la Lune… mais aussi le Soleil. Le calendrier chinois est « luni-solaire » : il se base sur les lunaisons, mais également sur la position du Soleil le long de l'écliptique que forme sa course dans le Ciel. Chacune des étapes de l'astre constitue un mois solaire. Dont chacun est découpé en deux périodes de 15 jours qui équivalent à un déplacement du Soleil de 15 degrés le long de l'écliptique. On les nomme « Jieqi ».

Chaque *Jieqi* porte un nom qui évoque un élément de météorologie, un stade végétal ou une activité agricole. Ceux-ci sont détaillés dans les « Hou », ces 3 périodes de 5 jours qui divisent chaque *Jieqi.*

À VOUS DE JOUER

MON CALENDRIER LUNI-SOLAIRE 2022

Ce calendrier offre une autre vision des saisons au jardin avec ses descriptions parfois métaphoriques. Vérifiez si la météo, l'évolution des plantes et des animaux correspondent aux *jieqi* et aux *hou*.

MOIS SOLAIRE	CORRESPONDANCE CALENDRIER GRÉGORIEN	*JIEQI*	REMARQUES (FOURNIES TRADITIONNELLEMENT AVEC LES JIEQI)	*HOU*
1	4 -18 février	***Lichun*** « Début du printemps »		❑ Le vent d'Est amène le dégel. ❑ Les animaux sortent d'hibernation. ❑ Les poissons remontent jusqu'à la glace.
	19 février-4 mars	***Yushui*** « Pluie »	Plus de pluie que de neige.	❑ La loutre offre du poisson en sacrifice. ❑ Les oies sauvages arrivent. ❑ Les plantes bourgeonnent.
2	5-20 mars	***Jingzhé*** « Réveil des insectes »	Les animaux (dont les insectes) sortent de leur repos hivernal.	❑ Le pêcher commence à fleurir. ❑ Le loriot chante. ❑ L'aigle se métamorphose en tourterelle.
	21 mars-4 avril	***Chûnfen*** « Équinoxe de printemps »		❑ Les hirondelles arrivent. ❑ Le tonnerre gronde. ❑ Les premiers éclairs apparaissent.
3	5-19 avril	***Qingming*** « Clair et brillant »	Période de nettoyage des tombes.	❑ L'abrasin (arbre à huile de bois) commence à fleurir. ❑ La taupe se métamorphose en caille. ❑ Les premiers arcs-en-ciel apparaissent.
	20 avril-5 mai	***Guyu*** « Pluie pour le grain »	Pluie favorable à la croissance du grain.	❑ Les lentilles d'eau commencent à pousser. ❑ La tourterelle chante en déployant ses ailes. ❑ La huppe se pose sur les mûriers.

MOIS SOLAIRE	CORRESPONDANCE CALENDRIER GRÉGORIEN	*JIEQI*	REMARQUES (FOURNIES TRADITIONNELLEMENT AVEC LES JIEQI)	*HOU*
4	6-20 mai	***Lixia*** « Début de l'été »		❑ Les grenouilles coassent. ❑ Les vers de terre sortent. ❑ La citrouille royale sort de terre.
	21 mai-5 juin	***Xiaoman*** « Petite rondeur »	Indique le stade de formation du grain.	❑ Le laiteron fleurit. ❑ Les plantes délicates meurent. ❑ Les petites chaleurs arrivent.
5	6-20 juin	***Mangzhong*** « Grain en épi »	Formation des épis.	❑ La mante religieuse naît. ❑ La pie-grièche commence à chanter. ❑ L'oiseau moqueur se tait.
	21 juin-6 juillet	***Xiazhi*** « Solstice d'été »		❑ Le cerf perd ses bois. ❑ La cigale commence à striduler. ❑ *Pinellia ternata* (plante médicinale) apparaît.
6	7-22 juillet	***Xiaoshu*** « Chaleur légère »		❑ Le vent tiède arrive. ❑ Le grillon reste dans les murs. ❑ L'aigle apprend et s'exerce.
	23 juillet-6 août	***Dashu*** « Grande chaleur »		❑ L'herbe pourrissante engendre les lucioles. ❑ La terre est imbibée, l'air est chaud et humide. ❑ Les grandes pluies commencent à tomber.
7	7-22 août	***Liqiu*** « Début de l'automne »		❑ Le vent frais arrive. ❑ La rosée blanche se dépose. ❑ La cigale stridule.
	23 août-7 septembre	***Chushu*** « Arrêt des chaleurs »		❑ L'aigle offre ses oiseaux en sacrifice. ❑ Le ciel et la terre commencent à être rigoureux. ❑ Les céréales sont récoltées.
8	8-22 septembre	***Bailu*** « Rosée blanche »	L'humidité ambiante se condense en rosée blanche.	❑ Les oies sauvages arrivent. ❑ L'hirondelle revient. ❑ Tous les oiseaux engrangent des vivres.
	23 septembre-7 octobre	***Qiufen*** « Équinoxe d'automne »		❑ Le tonnerre cesse de gronder. ❑ Les animaux hibernants closent leur tanière. ❑ L'eau commence à se tarir.
9	8-22 octobre	***Haniu*** « Rosée froide »		❑ Les oies sauvages arrivent. ❑ Le moineau plonge dans l'eau et se transforme en coquillage. ❑ Le chrysanthème a des fleurs jaunes.
	23 octobre-6 novembre	***Shuangjian*** « Gel possible »	Baisse des températures et apparition du gel.	❑ Le loup offre des bêtes en sacrifice. ❑ Les feuilles jaunissent et tombent. ❑ Les animaux hibernants rentrent dans leur terrier.
10	7-21 novembre	***Lidong*** « Début de l'hiver »		❑ L'eau commence à se congeler. ❑ La terre commence à geler. ❑ Le faisan plonge dans l'eau et se transforme en huître.
	22 novembre-6 décembre	***Xiaoxue*** « Neige faible »		❑ L'arc-en-ciel se cache et disparaît. ❑ Le souffle céleste monte, le souffle terrestre descend. ❑ Tout est clos, l'hiver s'installe.
11	7-21 décembre	***Daxue*** « Neige importante »		❑ Le faisan jaune ne chante plus. ❑ Le tigre commence à s'accoupler. ❑ Le liting (une sorte d'iris) sort de terre.
	22 décembre-5 janvier	***Dongzhi*** « Solstice d'hiver »		❑ Les vers de terre se replient sur eux-mêmes. ❑ Le cerf se débarrasse de ses bois. ❑ Les eaux et les sources dégèlent.
12	6-19 janvier	***Xiaohan*** « Froid léger »		❑ Les oies sauvages partent vers le nord. ❑ La pie fait son nid. ❑ Le faisan commence à crier.
	20 janvier-3 février	***Dahan*** « Grand froid »		❑ Les poules commencent à couver. ❑ Les rapaces sont rapides et terribles. ❑ Les eaux et les lacs se couvrent d'une épaisse couche de glace.

[3]
REPOSEZ-VOUS LES JOURS MAL LUNÉS

Certains jours... il convient de s'abstenir de jardiner. Soit qu'à certains moments précis, la Lune provoquerait des perturbations sur le sol et les plantes. Ou bien que les conditions météorologiques invitent à la prudence. Passons donc en revue ces jours un peu particuliers :

APOGÉE ET PÉRIGÉE

La Lune, dans sa trajectoire autour de la Terre, forme non pas un cercle parfait mais une ellipse. La Terre n'en est pas le centre. Chaque mois, la Lune passe au périgée de cette ellipse, c'est-à-dire à son point le plus proche de la Terre (365000 km). L'attraction de la Lune serait alors si importante qu'elle entraînerait un étiolement des jeunes plantes. Poursuivant sa course, la Lune arrive à l'apogée de son ellipse, l'endroit le plus éloigné de la Terre (406700 km). Ce qui provoquerait un tassement des végétaux, une plus grande sensibilité aux maladies.

NŒUDS LUNAIRES

Deux fois par mois, en montant et en descendant, l'ellipse de la Lune traverse le plan de l'écliptique, faisant un angle de 5,8° avec lui. Il s'agit des nœuds lunaires montant et descendant.

DES ÉCLIPSES

Lorsque la Lune se trouve alignée avec le Soleil et la Terre dans le plan de l'écliptique, on assiste à une éclipse de Soleil en nouvelle lune, et de Lune lorsque celle-ci est pleine. Là encore, les influences planétaires provoquent des perturbations sur le sol et les plantes et il convient de s'abstenir de jardiner.

[4]
EXPÉRIMENTEZ

L'influence de la Lune : y croire ou non ? Et que suivre : la Lune quand elle monte et descend, sa croissance et décroissance, ses stations dans le zodiaque ? Voici quelques explications et, surtout, un protocole pour tester, expérimenter.

LA LUNE, COMMENT ÇA MARCHE ?

L'influence de la Lune sur les plantes n'a jamais été démontrée. Elle n'a jamais été scientifiquement invalidée non plus. Les explications classiques, traditionnelles concernant l'impact de la Lune sur les végétaux sont réfutées… mais de nouvelles hypothèses sont avancées et à explorer.

La luminosité de la Lune chère aux Anciens ?

Elle est 400000 fois plus faible que celle du Soleil. Quant à l'hypothèse selon laquelle les plantes, qui sont constituées de 70 à 95 % d'eau, seraient très sensibles à l'attraction de la Lune, celle qui crée le phénomène des marées, elle ne tient pas compte de deux données. D'une part, la pesanteur limite la capacité d'attraction de la Lune.

D'autre part, si l'astre agit sur l'énorme masse d'eau des océans et des mers, il n'a qu'une infime influence sur le minuscule volume d'eau contenu dans chaque végétal.
Toutefois, de nouveaux postulats sont aujourd'hui avancés : la Lune pourrait intervenir sur les cellules végétales (et animales) via la pression atmosphérique, et/ou par la polarisation de la lumière, par la modulation de longueur d'onde...

Mais cela marche vraiment ?
Pour pouvoir répondre à cette question, il est indispensable d'établir un véritable protocole. En 5 étapes, devenez un expérimentateur hors pair.

1. CULTIVEZ DE FAÇON ABSOLUMENT IDENTIQUE

C'est-à-dire en choisissant des plantes de même variété et de même âge, des graines issues du même sachet, semées et plantées de la même façon et à proximité afin de bénéficier du même sol, du même ensoleillement... Le but est de faire en sorte que les variations de croissance et de productivité ne puissent être attribuées qu'à l'influence lunaire.

2. OBSERVEZ ATTENTIVEMENT, DATEZ ET NOTEZ...

... tous les événements pouvant arriver pendant la culture-test. Ce peut être un épisode météorologique (pluie, gel, sécheresse, grêle), une attaque de maladie ou de ravageurs, etc. Notez également toutes vos observations non quantifiables : un feuillage plus vert, un plus grand nombre de pollinisateurs, une saveur plus accentuée...

3. MESUREZ, QUANTIFIEZ, CHIFFREZ !

Nous sommes souvent subjectifs quand nous testons quelque chose : nos évaluations vont dans le sens des résultats que nous attendons. Place à l'objectivité ! Il est capital, pour réussir une expérimentation, de chiffrer. Pesez, comptez, évaluez des pourcentages, vérifiez des hauteurs...

4. COMPAREZ, CONFRONTEZ

En fin d'expérimentation, observez les écarts des chiffres recueillis entre les différentes plantes testées. Et consultez vos notes.

5. PUIS... RECOMMENCEZ

Les résultats d'une expérimentation ne sont considérés comme valables que s'ils se vérifient plusieurs fois. On conseille donc de retenter les mêmes essais au moins trois ans d'affilée.

Un exemple :

«Des radis plus productifs si semés en jours racines?»

Lors de l'expérimentation, vous avez semé les graines d'un même sachet, sur une même ligne mais à quelques temps d'intervalle correspondant à des jours-racine, feuille et fleur. Lors de chaque récolte, notez le nombre et le poids des racines arrachées.

En comparant ces données, vous ne voyez pas d'écart véritable dans le poids des racines quel que soit le moment du semis? On ne peut alors pas déduire que semer des racines en jours-racine augmente leur productivité. Mais on ne peut pas plus en conclure que «cela ne marche pas». En effet, la sécheresse, une attaque d'altises, des températures fraîches (autant d'éléments que vous aurez notés) peuvent avoir masqué l'influence de la Lune. D'où la nécessité de renouveler l'expérimentation l'année suivante (au moins).

[5]

PRATIQUEZ : TABLEAU DE BORD DU JARDIN LUNAIRE

Pour cultiver des plantes en vous servant de la Lune comme guide, vous devez donc, pour chacun des travaux du jardin, tenir compte de la course ascendante ou descendante de cet astre. Ainsi que des constellations croisées, selon la culture concernée. Et éviter les jours où la Lune interdit le jardinage… Rassurez-vous : jardinez avec la Lune est plus simple qu'il n'y paraît.

LES BESOINS DES PLANTES AVANT TOUT

L'influence de la Lune ne peut s'exercer que lorsque toutes les bonnes conditions de culture des plantes sont réunies. Il convient donc de connaître :

Les étapes pour jardiner avec la Lune

1] Respecter le calendrier de culture de chaque plante.

2] Repérer les phases ascendante et descendante de la Lune.

3] Pratiquer de préférence les «jours» correspondant aux quatre types de légumes : fruits, racines, feuilles, fleurs.

4] Éviter les travaux de jardinage lors des nœuds lunaires, des apogées, périgées et des éclipses.

Les besoins spécifiques de chaque culture

Cet arbuste, ce légume, ce fruitier supporte-t-il le calcaire du sol ? Nécessite-t-il un terrain meuble pour pousser (comme la carotte, le panais…), une terre bien tassée au moment du semis (épinard, mâche…), une exposition ensoleillée, des arrosages suivis, etc. ?

Les cycles de vie des plantes

Certaines plantes ont besoin de chaleur pour germer, alors que d'autres doivent subir des températures basses pour pouvoir lever. Certaines sont rustiques, alors que d'autres sont détruites au moindre gel. Elles ont besoin d'une longue période de croissance ou au contraire doivent être très vite récoltées.

«Et si je laisse passer la bonne date ?»

Manque de temps disponible, intempéries, commande de graines en retard, sol pas suffisamment préparé… Il n'est pas toujours possible de suivre scrupuleusement le calendrier lunaire.

Ne vous inquiétez pas: celui-ci n'est qu'un guide. Il ne fournit pas des directives à suivre aveuglément. Vous tenterez simplement de jardiner en tenant le plus compte possible de ses recommandations.

Vous avez semé les tomates en jours-racines? Qu'à cela ne tienne! Vous tenterez de les planter, de les pincer et autres opérations d'entretien en jours-fruits.

LES BONS GESTES AU BON MOMENT

Impossible aujourd'hui d'affirmer le mécanisme d'action de la Lune sur les végétaux. Les recommandations de pratiques culturales reposent donc sur des hypothèses qui restent à vérifier. Mais celles-ci sont de bons repères pour les travaux à effectuer au jardin.

EN LUNE MONTANTE

Durant 13 jours et demi, la Lune est ascendante. La sève s'élève dans les parties aériennes des plantes, gonfle les bourgeons, éveille les graines. Un mouvement ample que l'on assimile à un printemps lunaire. Durant cette période, on conseille donc de :

Semer

Quand une graine germe, elle développe simultanément une pousse (qui donnera des feuilles) et des racines. Dans ce calendrier lunaire, on considère toutefois que le développement de la partie aérienne du végétal prime sur celui de son système racinaire.

Prélever les greffons et greffer

Cette multiplication se fait en effet en deux temps : le prélèvement des greffons juste avant le réveil de la végétation (en janvier-février) que l'on conserve au frais dans du sable, et la greffe qui a lieu au moment de la floraison de l'espèce concernée (de mars à mai).

Cueillir des fleurs, des fruits, des feuilles

On considère qu'en lune montante les floraisons sont plus généreuses, les fruits plus goûteux, et les feuilles plus fraîches. Récolter lors de cette période permettrait à ces végétaux de mieux se conserver.

Pincer…

… l'extrémité des jeunes pousses des plantes que l'on souhaite voir s'étoffer, se ramifier. C'est le cas du basilic, des asters, etc.

À VOUS DE JOUER

LA BONNE LUNE POUR JARDINER

À quel moment semer, planter, tailler, bouturer… : en lune montante ❑ (A) ou descendante ❑ (B) ?

1] Je taille mes rosiers ❑ A ❑ B

2] Je divise la rhubarbe ❑ A ❑ B

3] Je butte les petits pois ❑ A ❑ B

4] Je fais prégermer mes pommes de terre ❑ A ❑ B

5] Je prélève les greffons de pommiers ❑ A ❑ B

6] Je coupe et je laisse se décomposer sur le sol la moutarde, le sarrasin ou un autre engrais vert ❑ A ❑ B

7] Je passe la tondeuse sur le gazon ❑ A ❑ B

8] Je récolte le basilic en pinçant régulièrement les extrémités des pousses ❑ A ❑ B

9] Je cueille le tilleul, le sureau, la mélisse pour faire des tisanes ❑ A ❑ B

10] Je protège la base de mes artichauts contre le froid hivernal ❑ A ❑ B

Réponses : 1B, 2B, 3B, 4A, 5A, 6B, 7B, 8A, 9A, 10B

EN LUNE DESCENDANTE

On considère que la sève est également descendante. La plante est dans une forme de repos, se concentre sur sa partie souterraine. Durant cet « automne lunaire » qui dure une quinzaine de jours, il est recommandé de :

Planter, repiquer

Lorsqu'on transplante un végétal (qui a été élevé en terrine ou godet ou qui provient de l'éclaircissage de semis trop denses), celui-ci subit obligatoirement un stress, qui reste limité lorsqu'on installe les plants en pleine terre lors de la lune descendante. Cette dernière favorise par ailleurs l'enracinement des plantes.

Tailler

En lune descendante, les plaies de taille cicatriseront mieux.

Bouturer, marcotter, diviser…

En un mot, multiplier. Le but ici est de produire de nouveaux plants qui s'enracineront à coup sûr.

Tondre

Une fois n'est pas coutume, opérer en lune descendante a pour but… de limiter la croissance des plantes qui forment le gazon pour réduire au maximum les passages de tondeuse.

Aérer, nourrir le sol…

… en lui apportant des amendements organiques (fumier, compost, purin d'ortie…) ou des paillages. La biodynamie considère non seulement que ces soins profiteront mieux au sol en lune descendante, mais qu'il sera plus réceptif aux influences cosmiques.

Récolter les racines…

… en lune descendante garantit leur bonne conservation (notamment pour les légumes que l'on conserve en cave comme les pommes de terre, les carottes, les betteraves), mais également la concentration de leurs arômes.

JARDINEZ SELON LA MÉTÉO (ET LA NATURE)

SUIVRE LA COURSE DE LA LUNE DANS LE CIEL EST UN BON REPÈRE POUR JARDINER, MAIS IL S'EFFACE TOUJOURS DEVANT LES IMPÉRATIFS DE LA MÉTÉOROLOGIE. QU'IMPORTE QUE LE JOUR SOIT FAVORABLE À TELLE OU TELLE PLANTATION S'IL GÈLE, SI UNE AVERSE DE GRÊLE MENACE, SI LE TERRAIN EST DÉTREMPÉ… LE JARDINIER COMME LE PAYSAN TENTE DE PRÉVOIR « LE TEMPS » À VENIR. COMMENT ? EN CONSULTANT LA MÉTÉO, EN SCRUTANT LE CIEL, EN SE RÉFÉRANT À DES DICTONS, EN REPÉRANT LA FLORAISON DES ARBRES, LE PASSAGE DES GRUES…

[1]
REPÉREZ VOTRE CLIMAT

À quel climat est soumis votre jardin ? Cette première information vous permettra d'anticiper comme normaux des hivers rudes, des automnes doux, des printemps pluvieux. La France est partagée entre cinq influences climatiques. Trouvez celle de votre jardin.

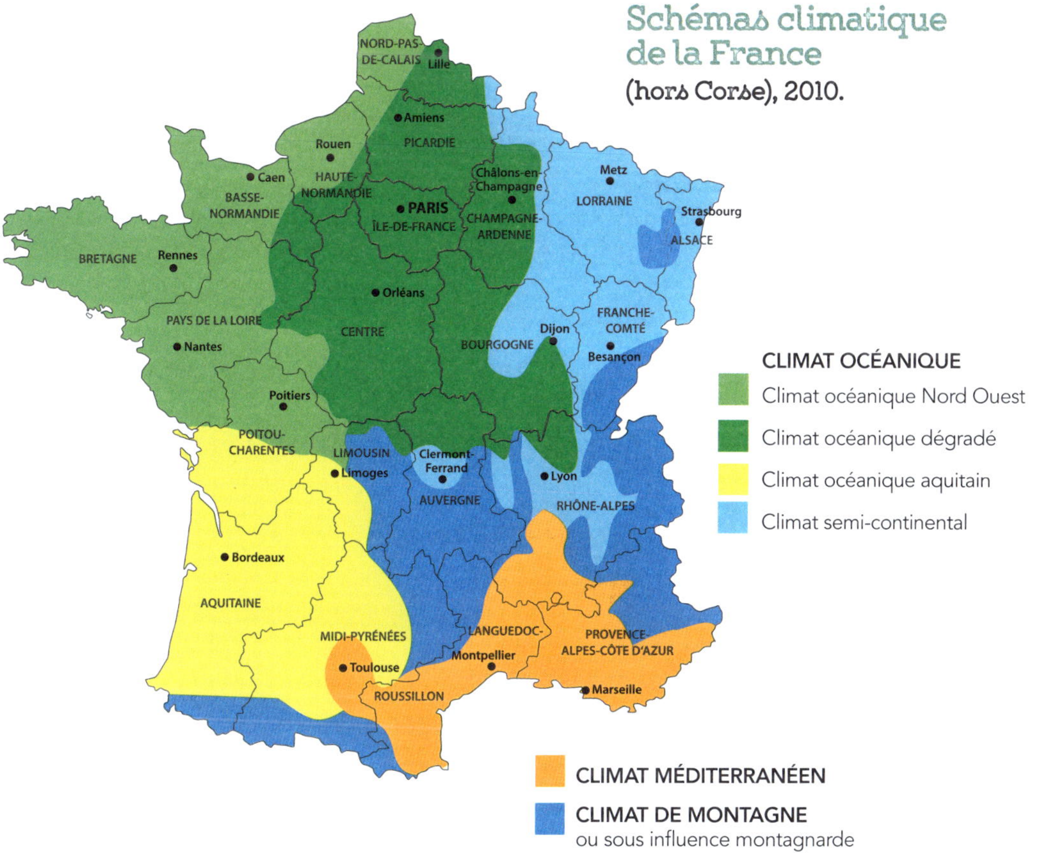

1. LE CLIMAT OCÉANIQUE

- Hiver tempéré à doux, été frais à chaud.

- Pluviométrie relativement abondante répartie tout au long de l'année (avec un léger maximum d'octobre à février).

ON DISTINGUE :

le climat armoricain

Il est plus humide, frais et brumeux (côtes de la Bretagne et de la Basse-Normandie).

le climat aquitain

La basse vallée de la Loire, la Vendée et les Charentes connaissent une pluviométrie plus faible. En Aquitaine, la proximité des Pyrénées renforce la pluviométrie en hiver et au printemps.

le climat océanique à semi-océanique

Plus au nord, jusqu'à la frontière belge, les hivers sont plus froids et les étés plus frais.

2. LE CLIMAT OCÉANIQUE ALTÉRÉ

- Hiver très frais, été chaud à frais.
- Pluviométrie variable.

Drôle de nom pour un climat! Selon les régions concernées (contreforts ouest et nord du Massif central, le Bassin parisien, la Champagne, l'est de la Picardie et du Nord-Pas-de-Calais), le climat océanique devient plus ou moins semi-continental ou montagnard. Les écarts de température entre hiver et été augmentent avec l'éloignement de la mer. La pluviométrie est plus faible que sur le littoral, sauf aux abords des reliefs.
La pluviométrie est plus faible que sur le littoral, sauf aux abords des reliefs.

3. LE CLIMAT SEMI-CONTINENTAL

- Hiver rude (avec grand nombre de neige ou de gel), été chaud.
- Pluviométrie annuelle élevée (sauf en Alsace protégée par l'effet protecteur des Vosges). Les pluies sont plus importantes en été, souvent à caractère orageux.

Ce climat, assez typique, concerne le quart nord-est de la France (Alsace, Lorraine, Ardennes, Argonne, Franche-Comté et une partie de la Bourgogne) et certaines plaines encaissées du Massif central et des Alpes, à l'abri des vents d'ouest.

4. LE CLIMAT MONTAGNARD

- Hiver très froid, été frais à chaud.
- Pluviométrie variable.

En zone montagneuse, la météorologie (les températures, les vents et les précipitations) varie sur de très courtes distances selon l'altitude et l'exposition. On observe une nébulosité minimale en hiver et maximale en été.

5. LE CLIMAT MÉDITERRANÉEN

- Hivers doux, étés chauds à très chauds.
- Pluviométrie faible, irrégulièrement répartie sur l'année.

Les régions soumises à ce climat bénéficient d'un ensoleillement important et de vents violents fréquents. À des hivers et étés secs succèdent des printemps et automnes très arrosés, souvent sous forme d'orages. À proximité d'un relief, ceux-ci peuvent quadrupler l'apport d'eau mensuel moyen (ce que l'on appelle « l'épisode cévenol »).
On distingue en climat méditerranéen, la « zone de l'olivier » de la « zone de l'oranger » aux hivers très doux.

À VOUS DE JOUER

LA MÉTÉO DE VOTRE JARDIN EN 2022

Dans ce tableau de bord, vous indiquerez le cumul mensuel des mesures notées dans votre agenda.

MOIS	TEMPÉRATURE MAXIMALE	TEMPÉRATURE MINIMALE	VITESSE DU VENT (km/h)	PLUIE (mm)	VOS OBSERVATIONS (Événement climatique, repère phénologique…)
Janvier					
Février					
Mars					
Avril					
Mai					
Juin					
Juillet					
Août					
Septembre					
Octobre					
Novembre					
Décembre					
CUMUL					

[2]
DÉCOUVREZ LE MICROCLIMAT DE VOTRE JARDIN

Le climat de votre région vous donne des indications générales qu'il faut bien entendu affiner à votre département et à votre commune. Divers sites Internet (entre autres le site participatif https://www.infoclimat.fr/) vous fourniront les données climatiques moyennes de la station météorologique la plus proche de chez vous.

Mais ce n'est pas tout: votre jardin possède son propre micro-climat, qui n'est parfois pas le même que celui du terrain voisin. La météo varie en effet en fonction de nombreux critères: votre jardin est-il en ville ou en pleine campagne? Protégé par un mur, une haie ou exposé aux vents, en pente ou à plat? À vous de découvrir les particularités de votre terroir.

À l'aide d'outils spécifiques ou en consultant des relevés (particulièrement ceux de la météo agricole, tels que www.meteo60.fr), notez quotidiennement les mesures suivantes :

LES TEMPÉRATURES

Des informations de base pour le jardinier! Un simple thermomètre donnant les valeurs minimales et maximales suffit. Le relevé des températures permet de déterminer la date de fin des gelées printanières et l'arrivée des gelées automnales.

L'EAU DU CIEL, L'EAU DE L'AIR

L'eau peut se présenter sous forme visible de pluie, neige, rosée, givre, mais aussi sous forme de vapeur, d'humidité dans l'air. Cette dernière se mesure avec un hygromètre, tandis que la pluie s'évalue grâce à un pluviomètre.

LE VENT

Sa force se mesure à l'aide d'un anémomètre, tandis que la girouette indique sa direction. Mistral, tramontane, mais aussi galerne, suroît, joran… il existe plus de 600 vents locaux en France. Découvrez celui ou ceux qui soufflent chez vous.

Dans l'almanach, retrouvez :

La neige p. 48, 51
Les giboulées p. 55
Le brouillard p. 85
L'orage p. 73

ZÉPHYR, BRISE OU TEMPÊTE ? L'échelle de Beaulieu évalue la force du vent.
Voici quelques repères pour apprécier sa vitesse grâce à l'observation de votre environnement.

FORCE	VITESSE (km/h)	VENT	
0	< 1	Calme	
1	1 à 5,5	Très légère brise	Les fumées sont déviées.
2	6 à 11	Légère brise	Les feuilles des arbres frémissent.
3	12 à 18,5	Petite brise	Les rameaux les plus fins sont agités.
4	20 à 30	Jolie brise	La poussière et les papiers s'envolent, les branches sont agitées.
5	31 à 39	Bonne brise	Les arbustes se balancent.
6	40 à 50	Vent frais	Les grosses branches remuent.
7	51 à 61	Grand frais	Les arbres bougent dans leur entier.
8	62 à 74	Coup de vent	Les branches sont cassées. Il est difficile de marcher contre le vent.
9	75 à 87	Fort coup de vent	Les habitations peuvent être endommagées.
10	88 à 102	Tempête	Les arbres sont déracinés, les maisons et les autres structures subissent des dégâts importants.

[3]
VOS RENDEZ-VOUS ANNUELS

«Il n'y a plus de saison !»… voilà une phrase que l'on entend au fil des générations. Sans nier l'influence du changement climatique, certains épisodes météorologique sont tout à fait normaux, se perpétuant aux mêmes périodes.

LA LUNE ROUSSE

Durant la lunaison qui débute après Pâques, la lune est dite «rousse». On a longtemps cru que sa lumière brûlait, faisait roussir les jeunes pousses. L'explication est bien plus rationnelle (et rassurante!). À cette période de l'année, la température de l'air s'adoucit durant la journée. Stimulés, les végétaux bourgeonnent et commencent à se développer. Malheureusement, il est encore trop tôt pour que le sol puisse emmagasiner la chaleur solaire le jour pour la restituer durant la nuit. Et les pousses tendres, les jeunes tissus gorgés d'eau peuvent alors, en cas de gel, se couvrir d'une rosée glaciale qui les brûle.

Durant toute la période de la lune rousse (du 30 avril 2022 au 30 mai 2022), si la nuit est claire (bien étoilée), gare à la lune rousse : enveloppez les plantes fragiles d'un voile d'hivernage.

LES CHEVALIERS DU FROID

En avril-mai, les températures s'adoucissent progressivement, promesse des beaux jours à venir. Or, peut alors sévir un brutal retour du froid, causé par l'arrivée d'air polaire. Cette période glaciale débute le 23 avril et se poursuit jusqu'au 6 mai. Les saints célébrés ces jours-là (Georges, Marc, Vital, Eutrope…) sont appelés «saints chevaliers», «saints cavaliers» ou, d'après Rabelais, «gresleurs, geleurs et gasteurs de bourgeons».

ÉTÉ INDIEN

Le saviez-vous? Vers le 11 novembre, six mois plus tard, le même phénomène de modification se renouvelle, mais inversé, avec une élévation des températures. Il s'agit de «l'été de la Saint-Martin», que les Américains du Nord nomment «été indien».

Les Saints de Glace

Les saints chevaliers passés ne garantissent pas la fin des gelées. Pour cela, dans la plupart des régions, il faut traditionnellement attendre les 11, 12 et 13 mai, dates où les saints alors célébrés (Mamert, Pancrace, Servais) sont surnommés « saints de glace ». Conservez encore à portée de main voiles d'hivernage et autres protections, au moins jusqu'au 25 mai, date de la Saint-Urbain et d'un ultime refroidissement de température. Du moins d'après le dicton : « Mamert, Pancrace, Servais sont les trois saints de glace, mais saint Urbain les tient tous dans sa main. »

À quel saint se vouer ?

« Saint Adrien amène la glace ». Mais quel saint Adrien ? De Marseille, de Césarée, de Cantorbéry ? Il existe en effet huit saints portant ce prénom, chacun possédant sa fête à des dates différentes. Si aujourd'hui le calendrier indique au 8 septembre la Saint-Adrien (de Nicomédie), il semble que le dicton, lui, se référait à saint Adrien d'Écosse, fêté le 4 mars.

LES DICTONS... OUI MAIS AVEC PRÉCAUTION

Ils sont légion, les dictons et adages qui annoncent le temps à venir, les opérations qui en découlent ainsi que les futures récoltes. Difficile de démêler le vrai du faux, la superstition de la sagesse populaire. D'autant que de nombreux dictons sont locaux : ils peuvent se révéler juste sur leur terroir d'origine et infondés ailleurs.

Amusez-vous donc à observer et à noter leur véracité.

Dans l'almanach retrouvez :

Notre Dame de la neige p. 94

Sainte Barbe p. 93

Saint Jean p. 70

Saint Mamert p. 64

Saint Martin p. 90

Saint Médard p. 68

Sept Dormands p. 75

[4]
OBSERVEZ LA NATURE

Les nuages qui courent dans le ciel, l'aubépine en fleur, les premières abeilles charpentières, le passage des grues, les parfums qui s'intensifient… la nature regorge de mille messages qui nous indiquent le temps qui se prépare. Autant de repères pour l'organisation du jardinier.

SCRUTEZ LES SIGNES DES CIEUX

De très nombreux dictons invitent à contempler le ciel et les astres. Et plus particulièrement les nuages. Et effectivement ceux-ci, de par leur forme et leur évolution, donnent des informations assez fiables sur le temps à venir dans les heures suivantes. Nez en l'air, apprenez à reconnaître les nuages.

Les cirrus : des annonciateurs

Ce sont les premiers à se profiler dans un ciel dégagé avec leurs longues traînées blanches, parfois en forme de griffes. Ils précèdent une perturbation de 500 km.

Nimbeurs d'astres : les cirrostratus

Il s'agit d'une nappe de gouttelettes d'eau et de cristaux de glace, qui voile le soleil et la lune, formant un halo autour de ces derniers. La pluie ou la neige est alors à craindre.

Éphémères : les cirrocumulus

Ces nappes de petits nuages pommelés plus ou moins soudés entre eux sont constituées de cristaux de glace. Elles précèdent de peu la perturbation.

Ciel pommelé : les altocumulus

Ces nuages forment des couches composées d'éléments qui évoquent des dalles, des galets. Le temps est incertain. La pluie peut se rapprocher.

Un voile épais : les altostratus

Juste avant la dépression, ces nuages forment une nappe grise, dense et uniforme qui couvre entièrement le ciel. Le soleil et la lune peuvent apparaître comme derrière du verre dépoli.

Les altostratus, en s'épaississant, deviennent des nimbostratus qui donnent des pluies fortes, pouvant durer plusieurs jours.

Impressionnants : les cumulonimbus

L'orage gronde : pas de doute, il y a des cumulonimbus dans le ciel ! Ils sont facilement reconnaissables : dense avec un énorme développement vertical, leur partie supérieure s'étale en forme d'enclume. Ils provoquent des averses de pluie, de neige, de grêle ou de grésil.

Froufroutants : les cumulus

Ronds, pommelés, évoquant les fleurettes de chou-fleur, ces nuages ne donnent généralement pas de précipitations s'ils n'évoluent pas. Les plus petits, les cumulus humilis, sont même signe de beau temps. En été, on les voit souvent apparaître dans la matinée avant de s'éclipser avant la fin de la journée.

SOYEZ À L'ÉCOUTE DES PLANTES ET DES ANIMAUX REPÈRES

« À la floraison des lilas démarre la plantation des pommes de terre », « Le début de la saison des roses signe la mise en terre des aubergines, poivrons et autres plantes frileuses », « Une hirondelle fait le printemps »...

Le savoir populaire regorge de repères issus de l'observation du développement des plantes et des animaux.
Ceux-ci amorcent chaque année leur développement (sortie d'hibernation, éclosion des bourgeons, floraison, premier vol, chant d'amour...) sans se soucier du calendrier grégorien. Ils réagissent aux conditions climatiques et, ce faisant, annoncent à leur façon le passage des saisons.

L'observation de la faune et de la flore est une véritable science : la phénologie. Il s'agit de l'étude de l'apparition d'événements périodiques de la vie des plantes et des animaux qui est déterminée par les variations saisonnières du climat. C'est une science populaire : depuis toujours, les jardiniers attendent le vol des grues, le premier chant du coucou, la floraison de tel ou tel arbuste pour effectuer certains travaux. À votre tour : retrouvez et annotez ces repères phénologiques tout au long de votre agenda.

À VOUS DE JOUER

DÉCRYPTEZ LES CIEUX

Nuages, couleur du ciel et des astres...
Cochez les cases des dictons qui se sont vérifiés :

- ❏ « Soleil blanc (voilé par les altostratus) mouille les gens. »
- ❏ « Nuages en griffes (cirrus), pluie certaine. »
- ❏ « Brebis qui paissent aux cieux (cirrocumulus), font temps venteux et pluvieux. »
- ❏ « Lune cerclée (par les cirrostratus), pluie assurée. »
- ❏ « Ciel vêtu de laine (altocumulus), eau peu lointaine. »
- ❏ « Le soleil se levant comme un rouge miroir annonce de l'eau pour le soir. »
- ❏ « Rouge soirée, grise matinée, beau temps assuré. »

À VOUS DE JOUER

REPÉREZ LES SAISONS PHÉNOLOGIQUES EN 2022

Nos voisins suisses et allemands découpent l'année civile en 10 « saisons phénologiques » en se basant sur les stades de développement de certaines plantes. Datez ceux-ci : vous pourrez ainsi déterminer les différentes saisons de votre jardin.

SAISON PHÉNOLOGIQUE	REPÈRES VÉGÉTAUX	DATE ET OBSERVATIONS
1. Avant printemps	❏ Perce-neige en fleur ❏ Première fleur femelle de noisetier ❏ Floraison du tussilage	
2. Premier printemps	❏ Début de floraison du forsythia ❏ Éclosion des feuilles de groseillier	
3. Printemps	❏ Floraison des pommiers ❏ Floraison du lilas ❏ Développement des feuilles du chêne, du châtaignier, du hêtre	
4. Début de l'été	**Floraisons** ❏ Sureau noir ❏ Tilleul ❏ Châtaignier	
5. Plein été	❏ Maturité des groseilles ❏ Floraison du tilleul ❏ Début des moissons	
6. Fin de l'été	❏ Cueillette des pommes d'été ❏ Fin des moissons	
7. Début de l'automne	❏ Récolte des baies de sureau	
8. Plein automne	❏ Maturité des marrons d'Inde, des châtaignes	
9. Fin de l'automne	❏ Chute des feuilles du châtaignier, du hêtre	
10. Hiver	❏ Chute des feuilles du pommier, du chêne	

EN 2022
JARDINEZ AVEC VOS ALLIÉS
(INSECTES, OISEAUX & CIE)

BOURDONS ET PAPILLONS, MÉSANGES ET HÉRISSONS… UNE FOULE DE PETITS ANIMAUX FAIT SON APPARITION TOUT AU LONG DE L'ANNÉE. ILS FÉCONDENT LES FLEURS, RÉGULENT LES POPULATIONS DE PUCERONS OU AUTRES GRIGNOTEURS DE PLANTES, ILS RECYCLENT… TOUS SONT DE PRÉCIEUX ALLIÉS POUR LE JARDINIER… À CONDITION DE SAVOIR LES ACCUEILLIR, D'EN FAIRE DES HÔTES PRIVILÉGIÉS D'UN JARDIN AUSSI BEAU QUE VARIÉ.

[1]
DÉCOUVREZ LA VARIÉTÉ DES AUXILIAIRES

Aux côtés des abeilles et des coccinelles, si appréciés, il existe des centaines d'autres animaux utiles, parfois minuscules, inconnus, voire mal aimés. Bien plus encore que son rôle dans la pollinisation ou dans la régulation des pucerons (ou autres ravageurs), cette petite faune est indispensable, dans toute sa diversité, à l'écosystème du jardin.

ENTREMETTEURS ET CUPIDONS

Entrent certainement dans cette catégorie les plus connus des alliés du jardinier : les abeilles, les bourdons, les papillons. Bref, les pollinisateurs. Ces insectes butinent de corolle en corolle à la recherche de nectar et, ce faisant, transportent les grains de pollen d'une fleur à l'autre, leur permettant ainsi de fructifier. On estime que 80 % des plantes à fleurs dépendent de ces insectes-cupidons pour leur fécondation.

Ces entremetteurs sont nombreux : au côté des papillons et des abeilles se rangent des mouches (tachinaires, syrphes...), mais aussi des coléoptères comme les cétoines, les longicornes, les méligèthes... Certains animaux (comme les araignées) se transforment aussi ponctuellement en coursiers, transportant des grains de pollen, lorsqu'ils circulent sur les fleurs pour chasser leurs proies, se reposer ou se réfugier.

GENDARMES ET MERCENAIRES

Ce sont les fameux « auxiliaires », ces animaux qui limitent les populations de pucerons ou autres ravageurs des plantes cultivées. Il peut s'agir d'insectes, d'oiseaux (mésange, pinson, rouge-gorge), de petits mammifères (chauve-souris, hérisson...). La plupart d'entre eux sont des prédateurs : ils dévorent leurs proies. Certains toutefois sont des parasites, qui vivent au détriment des ravageurs : ils insèrent leurs œufs dans le corps de l'insecte. Leurs larves dévorent alors leur hôte involontaire.

DÉCOMPOSEURS ET ÉBOUEURS

Ces travailleurs souterrains, donc peu visibles, sont rarement appréciés. Les décomposeurs sont pourtant indispensables ! On imagine assez bien ce que deviendrait une ville durant une grève des éboueurs... mais rarement ce qu'il adviendrait dans la nature si les limaces, araignées, champignons et bactéries ne faisaient pas disparaître toute la matière inerte qui s'accumule instant après instant. Ce sont des travailleurs spécialisés : les xylophages s'occupent des bois morts ; les saprophytes, des tissus végétaux moribonds ; les coprophages, des excréments...

RAVAGEURS ET RÉGULATEURS

Idée folle que de classer les pucerons, acariens et autres ravageurs détestés parmi les auxiliaires? Oui, si l'on ne considère le potager ou le verger que comme une source d'aliments pour l'homme. Mais lorsqu'on regarde le jardin comme un écosystème, alors la présence de ces «ennemis des cultures» prend tout son sens.

Dans la nature, les végétaux poussent en grand mélange. Si certains sont trop envahissants, trop colonisateurs, des maladies ou bien des insectes viennent limiter leur expansion. C'est ce rôle que jouent les insectes phytophages dans notre jardin. Ils nous délivrent un message à interpréter: les plantations sont trop denses, les apports d'azote excessifs, les plantes trop peu variées...

À VOUS DE JOUER

DRÔLES D'ALLIÉS

À quelle catégorie d'alliés du jardinier, appartiennent ces petits animaux ?

1] Les méligèthes : de petits coléoptères noirs dans les fleurs de courgettes.

2] Les altises, petites « puces » poinçonnant les feuilles des radis.

3] Les cloportes, des mini-crustacés, sous de vieilles planches.

4] Les coccinelles asiatiques, orange, noires, jaunes par-ci par-là.

5] Les syrphes, petites mouches déguisées en micro-guêpes au vol stationnaire au-dessus des feuilles.

6] Les xylocopes, de grosses abeilles charpentières, d'un noir-bleu métallisé.

A : cupidon **B** : mercenaire **C** : éboueur
D : régulateur

Réponses : 1A, 2D, 3C, 4B, 5B, 6A

Dans l'almanach, retrouvez :

Les abeilles domestiques locales p. 97
Les bourdons p. 69
Les carabes p. 47
La cétoine p. 66
La chrysope p. 84
Les grillons p. 66
La grive musicienne p.49
Les papillons Citron p. 53, Machaon p. 67
Le syrphe p. 58
Le xylocope p. 65

[2]

RENDEZ LE JARDIN ACCUEILLANT

Pour attirer les auxiliaires dans le jardin, il faut leur procurer non seulement une nourriture copieuse et prolongée, mais aussi des endroits où pondre, s'abriter, hiverner.

OFFREZ-LEUR DES FLEURS

Cela paraît évident pour les pollinisateurs populaires que sont les abeilles et les papillons... mais cela l'est aussi pour nombres d'auxiliaires dont les adultes sont floricoles. Or tous ces insectes diffèrent par leur technique de butinage. Les insectes à la fine trompe et les abeilles à la longue langue iront visiter les fleurs aux corolles profondes tandis que les guêpes chasseresses, avec leur langue courte, ne pourront butiner que de petites fleurs qui rendent leur nectar très accessible : pâquerette, carotte... Pour rendre le jardin accueillant, remplissez-le donc de fleurs très variées et s'épanouissant toute l'année.

PLANTEZ DES ARBUSTES, DES GRIMPANTES, DES VIVACES

Ces végétaux offrent feuillages, fleurs et fruits mais aussi des refuges, des lieux pour nidifier, des abris où hiverner. Bien plus que des hôtels à insectes ou des nichoirs, ils vous garantiront la présence d'une faune variée dans le jardin.

Vous installerez les arbustes dans une haie bien sûr… mais pas seulement : les arbres peuvent être plantés en isolé ou bien en alignement, le long d'une allée. Des fleurs peuvent border le potager tout comme des arbustes et des légumes peuvent orner les massifs floraux. Les fruitiers peuvent être palissés contre un muret, un grillage, être plantés en bacs ou en pots, former des cordons longeant le potager…

LAISSEZ DE LA PLACE AUX PLANTES SAUVAGES !

Il ne s'agit pas là de laisser les orties s'épanouir dans le potager ou dans les massifs de fleurs (le jardin reste un lieu où l'on cultive des plantes) mais plutôt de maintenir des zones avec quelques sauvageonnes. En tenant compte, pour chacun, de son niveau de tolérance. On pourra ainsi laisser des pâquerettes, des pissenlits, des boutons d'or et du lierre terrestre s'épanouir dans la pelouse, quelques orties côtoyer le tas de compost, palisser de la ronce sur une barrière…

À VOUS DE JOUER

LES PLANTES HÔTES DE MON JARDIN

Quelle faune accueillent les végétaux de votre jardin ? Voici une liste des végétaux présents ou à installer dans votre jardin : butineurs [ ], oiseaux [ ], auxiliaires [ ] papillons [ ].

ARBUSTES ET GRIMPANTES

Amélanchier	oiseaux, butineurs
Arbousier	butineurs, oiseaux
Aubépine	papillons, oiseaux
Bouleau	butineurs, papillons
Cassissier	papillons, oiseaux
Chèvrefeuille	butineurs
Cornouiller sanguin	butineurs, oiseaux, auxiliaires
Églantier	papillons
Houx	butineurs, auxiliaires, oiseaux
Laurier-tin	butineurs, oiseaux, papillons
Lierre	butineurs
Noisetier	oiseaux, papillons, butineurs
Oranger du Mexique	butineurs
Romarin	butineurs
Sureau noir	oiseaux
Troène	oiseaux, papillons
Viornes (lantane et obier)	oiseaux, papillons

FLEURS DES JARDINS

Acanthe	oiseaux
Aster	papillons
Aubriète	papillons
Bleuet	papillons, auxiliaires
Capucine	papillons
Dahlia	papillons
Fenouil	auxiliaires, papillons
Œillet d'Inde et tagètes	oiseaux, papillons
Origan	auxiliaires, papillons
Rose trémière	oiseaux
Rudbeckia pourpre	papillons, oiseaux
Souci	oiseaux, papillons
Tabac d'ornement	papillons
Tournesol	oiseaux
Verveine	papillons
Zinnia	oiseaux, papillons

PLANTES SAUVAGES

Achillée millefeuille	🐝 🦔 🐦
Armoise	🐝 🦔 🐦
Bardane	🦋
Berce commune	🐝 🦔 🦋
Capselle bourse-à-pasteur	🐝 🐦
Carotte sauvage	🦔 🦋
Centaurée noire	🐝 🦋 🐦
Chicorée	🐦
Coquelicot	🐝 🐦
Euphorbe des bois	🐝 🦋
Lamier pourpre	🐝 🦋
Mauve sylvestre	🐝 🦔 🦋
Pâquerette	🐝
Pissenlit	🐝 🦔 🦋 🐦
Plantain lancéolé	🐝 🦔 🦋 🐦
Ronces	🐝 🦔 🦋 🐦
Trèfle violet	🐝 🦋
Vipérine	🦋 🦔 🐝

Dans l'almanach, retrouvez :

La berce p. 71
Le dactyle p. 80
Le lierre p. 47
Le noisetier p. 46
L'ortie p. 60
La ronce p. 50, 56
Le sureau p. 63

CALENDRIER LUNAIRE

LÉGENDES

VOTRE JARDIN EN 2022

Taille, semis, plantation, bouture, récolte... dans son verger, son potager, au milieu des fleurs, dans le cellier comme en cuisine, le jardinier s'active toute l'année. Comment s'organiser au mieux ? En vous laissant guider par la Lune bien sûr. Et/ou en suivant la météorologie, en vérifiant la véracité des dictons populaires, en repérant les premières floraisons, l'arrivée des oiseaux, des papillons...

Observez, notez, mesurez... plus encore qu'un almanach, ce livre-compagnon gardera ainsi la mémoire de votre jardin en 2022.

SUIVEZ LA LUNE

▲ Lune montante
▼ Lune descendante
✳ Lune à l'apogée/au périgée
☊ Nœud lunaire ascendant
☋ Nœud lunaire descendant
Nouvelle lune
Premier quartier
Pleine lune
Dernier quartier
Jour mal luné
Jours-racines (ail, carotte, engrais verts...)
Jours-feuilles (ficus, oseille, rhubarbe...)
Jours-fleurs (artichaut, aster, brocoli...)
Jours-fruits (aubergine, maïs, physalis...)

MESUREZ LA MÉTÉO

En installant un thermomètre minima/maxima et un pluviomètre et/ou en consultant un site de météorologie agricole

Température minimale

Température maximale

Pluie en mm

NOTEZ LES REPÈRES PHÉNOLOGIQUES 2022

sur les pages correspondantes et reportez-les ci-dessous :

Vos repères végétaux

Acacia p. 68 : ....
Althéa p. 71 : ....
Aster p. 80 : ....
Aubépine p. 64 : ....
Forsythia p. 52 : ....
Lilas p. 61 : ....
Noisetier (fleurs femelles) p. 46 : ....
Noisetier (châtons) p. 46 : ....
Noisetier (fruits) p. 79 : ....
Sureau (baies) p. 76 : ....
Sureau (fleurs) p. 63 : ....

Vos repères animaux

Andrène p. 54 : ....
Grillon p. 66 : ....
Grue cendrée p.89 : ....
Papillon 'Citron' p. 53 : ....
Papillon 'Machaon' p. 67 : ....
Rossignol p. 63 : ....
Syrphe p. 58 : ....
Xylocope p. 65 : ....

DÉC./JANV.
[SEMAINE 52]

MÉMO POTAGER

Plantation
❐ ail de printemps, échalote : ....

Semis au chaud
❐ patience ! : ....

LUNDI
27
St Jean L'Apôtre

❮ ***«Pluie d'hiver à la Saint Jean, Ôte noisettes et glands»***

AUX PETITS SOINS **POUR LES OISEAUX**

En hiver, les oiseaux doivent manger davantage pour affronter le froid. Or les aliments se font plus rares et les jours qui raccourcissent rendent difficile la recherche de nourriture. Comment pouvez-vous les aider à passer l'hiver ?

- Installez dans le jardin une grande diversité de plantes et notamment d'arbustes fournissant des baies aux oiseaux : sorbier, sureau, aubépine houx, if... Sans oublier le lierre qui offre ses fruits jusqu'à la fin de l'hiver (cf p. 47).
- Nourrissez-les bien sûr. Abandonnez les boules de graisses du commerce, préférez-leur des fruits secs et des graines : avoine, blé, millet et, surtout, du tournesol dont de nombreux oiseaux raffolent.
- Abreuvez-les. Les oiseaux étant granivores ils ont particulièrement besoin d'eau en hiver. Ils en ont également besoin pour leur toilette. Offrez-leur donc un « bain d'oiseaux ». Un simple couvercle de poubelle retourné avec une pierre plate au centre suffit. Veillez simplement à casser la glace qui pourrait s'y former.

MARDI
28
Sts Innocents

MERCREDI
29
St David
10 H 47 ▶

JEUDI
30
St Roger

«Calme et claire nuit de l'An, A bonne année donne l'élan» (31/12)

Très bonne année 2022 !

VENDREDI
31
St Sylvestre
02 H 16 ▶
NŒUD DESCENDANT ▶

À QUEL SAINT **SE VOUER ?**

Le 11 mai, lors de la Saint Mamert... c'est sainte Estelle qui est fêtée dans le calendrier. Le dicton dit qu'une pluie « à la Sainte Opportune, le 22 mai, ne donne ni cerise ni prune » or nulle trace de cette sainte ce jour-là. Que se passe-t-il ? L'Église catholique comprend plus de 10 000 saints. Impossible de les commémorer tous dans l'année. À moins que certains se partagent une même journée. Mais lequel d'entre eux mettre en avant dans le calendrier ? Longtemps ce furent les saints « météorologistes » comme saint Médard, saint Martin, etc. Mais dans les années 1960, l'Église, soupçonnant ces cultes d'un relent de paganisme, les remplaça par d'autres saints. Cet almanach les remet à l'honneur pour permettre au jardinier de vérifier la véracité des dictons qui leur sont liés. Attention : certains dictons sont locaux, leur terroir est alors indiqué entre parenthèses.

SAMEDI
1
Jour de l'an
PÉRIGÉE ▶
18 H 42 ▶

DIMANCHE
2
St Basile

JANVIER
[SEMAINE 01]

MÉMO VERGER

Prélèvement
❒ des greffons ....

Taille
❒ des cassissiers ....

Nettoyage
❒ des framboisiers ....

LUNDI
3
Ste Geneviève

22 H 13

MARDI
4
St Odilon

MERCREDI
5
St Rémi
Épiphanie

18 H 24

JEUDI
6
St Mélaine

VENDREDI
7
St Raymond

SAMEDI
8
St Lucien

DIMANCHE
9
Ste Alix

01 H 31

LE SEXE DES NOISETIERS

Ces arbustes rustiques présentent de janvier à mars deux types de fleurs. Les chatons des noisetiers apparaissent dès l'automne, mais ne fournissent leur pollen que de janvier à février. Ces fleurs mâles sont une aubaine pour les abeilles qui y trouvent une source de protéines pour leurs larves. Les minuscules fleurs femelles, étoiles de fins pétales rose pourpre, arrivent un peu plus tard et, discrètes, exigent l'attention de l'observateur.

À REPÉRER :

En 2022, floraisons des chatons des **noisetiers** : ....
première **fleur femelle** : ....

«Soleil qui luit le jour des Rois,
Fait deux hivers pour une fois» (6/01)

COMMENT INTERPRÉTER CE DICTON ?

En pensant qu'un temps dégagé dans la journée s'accompagne souvent de vent et de gelées. À vérifier.

Si dans la Bible le jour de l'Épiphanie est le 5 janvier, elle est toutefois fêtée le premier dimanche de janvier.

POUR LES SEMIS AU CHAUD : PATIENCE !

Très peu de légumes nécessitent d'être semés en terrine ou en pot, dans les maisons ou appartements. Les graines des plantes gélives ont besoin de chaleur pour pouvoir germer. Si certaines comme les courges, melons et autres Cucurbitacées poussent assez rapidement pour être semées en pleine terre, pousser et fructifier avant l'arrivée des frimas automnaux, ce n'est pas le cas des tomates, des poivrons et surtout des aubergines. Arbustifs, leurs plants ont besoin de plusieurs semaines pour élaborer leur charpente avant de pouvoir offrir leurs fruits.

Attention toutefois à ne pas les semer trop tôt : les plants supportent mal les conditions de nos intérieurs. Ils manquent de lumière naturelle, ils souffrent d'un excès de chaleur et de la sécheresse. D'où ces semis qui «filent». Patientez donc avant de semer les légumes d'été... et attendez la bonne période pour semer les poireaux, choux, laitues et autres... dehors, directement en pleine terre pour la plupart.

JANVIER
[SEMAINE 02]

MÉMO JARDIN D'ORNEMENT

Plantation
- ❒ des arbustes à racines nues : ....

Taille
- ❒ de l'osier (à utiliser pour confectionner des plessis, des paniers) ! : ....

LUNDI 10 St Guillaume — 23 H 24

MARDI 11 St Paulin

MERCREDI 12 Ste Tatiana — 15 H 02

JEUDI 13 St Hilaire — NŒUD ASCENDANT

VENDREDI 14 Ste Nina — APOGÉE

SAMEDI 15 St Maur — 18 H 09

DIMANCHE 16 St Marcel

STOP À L'ARRACHAGE DU LIERRE

Cette plante grimpante peut effectivement abîmer les murs... mais seulement si ceux-ci sont en mauvais état. Son beau feuillage persistant et vernissé métamorphose les murets, des façades, des cabanons... Quant à son surnom de « bourreau des arbres », il est franchement injuste, car le lierre est un vrai compagnon pour l'arbre qui l'accueille ! Non seulement il ne le concurrence pas (il cesse sa croissance sous le houppier des arbres) mais il l'enveloppe d'un manchon de tiges protectrices qui libèrent, au moindre heurt, des substances protectrices contre les champignons.

« À la saint Paul, l'hiver se rompt le cou,
Ou pour quarante jours se renoue »

POURQUOI PAS ? LE COMBAVA

Ce « citron vert de la Réunion » séduit par le parfum inoubliable de son étrange feuillage (il semble doublement « ailé ») et de l'écorce grumeleuse de ses petits fruits ronds. Pour s'épanouir, cet agrume doit être cultivé dans un endroit ensoleillé et être rentré l'hiver. Il gèle en effet à partir de -5°C. Attention toutefois : les agrumes ne supportent pas de vivre dans nos intérieurs. Il y fait bien trop chaud et trop sec. Ces arbustes nécessitent un endroit hors gel mais frais.

« Chaleur et soleil à la Saint Hilaire,
N'indiquent jamais la fin de l'hiver »

ZOOM SUR LES CARABES

Il s'agit de coléoptères souvent assez grands qui arborent une carapace aux couleurs chatoyantes. Très agiles et rapides, les adultes, comme les larves, sont de redoutables prédateurs de vers, chenilles... et gastéropodes. Un carabe violet peut ainsi manger 6 limaces par jour.

Ces insectes sont en voie de raréfaction : ils ont besoin d'endroits non entretenus comme les haies, les litières de feuilles, pour se réfugier durant la journée. Ils sont par ailleurs très sensibles aux pesticides. Faites de votre jardin un refuge pour les accueillir et les protéger. Il faut donc leur ménager des lieux couverts et frais : paillages, pierres, fagots, tas de feuilles mortes, etc.

JANVIER
[SEMAINE 03]

MÉMO CUEILLETTES SAUVAGES

Racines de :

- ❒ bardane, berce : ....
- ❒ carotte sauvage : ....
- ❒ Rosettes de pissenlit : ....
- ❒ Poireaux des vignes : ....

LUNDI
17
Ste Roseline

QU'EST-CE QUE C'EST ? LA NEIGE

Les nuages sont constitués de minuscules gouttes d'eau. Au gré de leur ascension dans le ciel, ils intègrent des poussières. Les gouttes d'eau s'agglomèrent autour de ces particules et forment des cristaux de glace. Sur lesquels l'humidité de l'air se condense. Les cristaux croissent de plus en plus et s'assemblent pour former des flocons. Qui chutent lorsque les températures approchent 0°C.

MARDI
18
Ste Prisca

00H05 ▶

« Neige à la Sainte Prisca,
la belle année que voilà »

PETITES PRÉCAUTIONS PAR TEMPS DE NEIGE

Un blanc manteau recouvre la nature ? Admirez… puis allez secouer, délicatement, les branches des arbres au feuillage persistant que le poids de la neige peut casser. Évitez également de marcher sur la pelouse enneigée car cela abîme le gazon.

MERCREDI
19
St Marius

13H46 ▶

La neige recouvre toutes les surfaces, rendant difficile l'accès des oiseaux à leur nourriture. Aidez-les en leur apportant des graines et de l'eau.

JEUDI
20
St Sébastien

« À la Saint Sébastien,
L'hiver reprend,
Ou se casse les dents »

JE (RE)FAIS LE MUR

Les murets sont des abris très recherchés par les alliés du jardinier. Lorsqu'ils sont envahis par des plantes de rocaille, ils accueillent de très nombreux insectes (attirant ainsi le lézard des murailles). Les murs façonnés avec de l'argile ou un mortier de chaux et de sable est un site de nidification pour les abeilles et guêpes solitaires. Les interstices des « murets de pierres sèches », c'est-à-dire sans joints, servent de refuges et d'abris à de nombreux insectes.

Des pierres dans votre jardin ? Créez donc des murets, des bordures ou tout simplement un petit monticule.

VENDREDI
21
St Blaise

SAMEDI
22
St Vincent

08H35 ▶

DIMANCHE
23
St Barnard

JANVIER
[SEMAINE 04]

LUNDI
24
St Fr. de Sales

RÉCUPÉREZ RAMES ET PERCHES

Profitez de la taille des arbustes pour mettre les branches de côté. Celles au diamètre important serviront de piquets, tandis que les plus longues fourniront des perches pour faire grimper les haricots et autres plantes volubiles. Quant aux extrémités fourchues, elles seront parfaites comme support pour les petits pois.

MARDI
25
Conv. St Paul

17 H 59

SPÉCIAL GRAINETERIE : TESTEZ VOS GRAINES

En hiver, on fait l'inventaire de la grainothèque. Notamment en testant la capacité à germer des semences. Certaines graines (celles d'aubergine, de basilic, chicorée, laitue, oseille, poivron…) ont besoin de lumière pour germer. Glissez-les dans une coupelle transparente sur un cercle de coton absorbant que vous maintiendrez humide. Semez les autres semences dans un contenant rempli de terreau. Les graines doivent germer en quelques jours, 10 jours après le test au maximum.

Un test original consiste à plier en accordéon un papier essuie-tout. Glissez les graines dans chaque encoche. Dépliez le papier et déposez-le dans un récipient contenant un peu d'eau. Les carottes, les panais (et autres légumes de cette famille des Apiacées) ainsi que les oignons se prêtent particulièrement bien à ce test.

MERCREDI
26
Ste Angèle

JEUDI
27
Ste Paule

NŒUD DESCENDANT
09 H 50

« Quand la grive chante au genévrier,
On n'est pas loin du mois de février »

VENDREDI
28
St Thomas d'A.

LA GRIVE MUSICIENNE

Lors des journées ensoleillées, alors que les concerts des oiseaux n'ont pas encore débuté s'élève le chant d'une soliste, perchée sur une haute branche : la grive musicienne. Son tour de chant terminé, place au buffet : vous pourrez peut-être l'observer en train de grappiller les baies du lierre.

En 2022, le premier **Chant d'oiseau** : ....

SAMEDI
29
St Gildas

04 H 40

DIMANCHE
30
Ste Martine

PÉRIGÉE

« Prends garde à la Sainte Martine
Car souvent l'hiver se mutine »

JANV./FÉV.

[SEMAINE 05]

MÉMO POTAGER 1

Plantation

❒ ail de printemps, échalote, oignon : ....

Semis au chaud

❒ aubergine : ....

Semis sous abri

❒ carotte de printemps : ....

❒ navet primeur : ....

❒ laitue de printemps, radis à forcer : ....

LUNDI
31
Ste Marcelle

09 H 12

MARDI
1
Ste Ella

MERCREDI
2
Ste Théophanie
Chandeleur

05 H 17

JEUDI
3
St Blaise

VENDREDI
4
Ste Véronique

11 H 19

SAMEDI
5
Ste Agathe

DIMANCHE
6
St Amand

«La veille de la Chandeleur,
L'hiver se passe ou prend vigueur» (1/02)

QU'EST-CE QUE C'EST ? LA CHANDELEUR

On prête à cette fête bien des origines. Juive tout d'abord (40 jours après la naissance d'un enfant, on fêtait les relevailles de sa mère) et catholique : la Chandeleur est la présentation de Jésus au Temple, 40 jours après Noël. Le pape Gélase, en 472, organise ce jour-là des processions aux chandelles qui symbolisent «Jésus lumière d'Israël». La Chandeleur est aussi païenne : elle correspond à une fête annuelle romaine au cours de laquelle on veillait à l'aide de cierges et de torches, en honorant Pluton et les dieux. C'était aussi à la Chandeleur, que durant une nuit, les Romains adorateurs du dieu Pan parcouraient les rues de Rome en portant des flambeaux. Autant de festivités qui en ont commun la célébration de la lumière symbolisée par les flambeaux… et par les crêpes qui représentent l'astre solaire.

«À la fête de la saint Blaise
Souvent l'hiver s'apaise
Mais si vigueur il reprend
Pour longtemps on s'en ressent» (3/02)

ET SI ON APPRIVOISAIT LES RONCES ?

Cette plante piquante apparaît comme une plaie aux yeux du jardinier. Ses pousses qui font une excellente tisane, ses fleurs qui attirent les auxiliaires, ses fruits délicieux, la ronce a pourtant bien des atouts (cf p. 56). Et si vous tentiez de l'intégrer dans le jardin en la palissant ?

- Sélectionnez un pied de ronce assez jeune et rabattez-le. Il émet très rapidement de jeunes pousses.
- Installez une clôture, du grillage, des fils de fer tendus, bref une palissade derrière cette souche.
- Dès qu'ils sont assez longs (et encore souples), tendez les jeunes rameaux à l'horizontale sur le palissage.

FÉVRIER
[SEMAINE 06]

MÉMO POTAGER 2
Semis en pleine terre

- ❒ arroche, cerfeuil : ....
- ❒ cresson alénois, ciboule : ....
- ❒ épinard : ....
- ❒ fève : ....
- ❒ oignons blancs : ....
- ❒ pois : ....

LUNDI 7 — *Ste Eugénie* — 06 H 13

« Neige en février
Vaut bon fumier »

LA NEIGE, UN FERTILISANT ?

On attribuait autrefois empiriquement un effet fertilisant à la neige. Les Anciens pensaient qu'elle emprisonnait l'azote de l'air lors de la formation de ses cristaux et les restituait. Malheureusement, il n'en est rien : la neige n'apporte pas plus d'azote que la pluie. Elle a pourtant des effets positifs : riche en air, la neige forme une couche qui protège le sol et les végétaux du gel.

MARDI 8 — *Ste Jacqueline* — 22 H 34

« À la Sainte Apolline
La fin de l'hiver s'achemine » (9/02)

MERCREDI 9 — *Ste Apolline* — NŒUD ASCENDANT

MÉTAMORPHOSEZ LES VIOLETTES

Les violettes s'épanouissent dès le mois de février. Transformez-les en confiserie pour emprisonner leur délicieux parfum. Pour cela, préparez des fleurs cristallisées. Battez un blanc d'œuf à la fourchette. Plongez-y les fleurs en les tenant par leur pédoncule, puis déposez-les dans une coupelle de sucre cristallisé.

JEUDI 10 — *St Arnaud*

MON SOL, COMMENT EST-IL ?

LE TEST DU BOUDIN (1/2)

La terre est constituée de particules minérales de plus ou moins grande taille : sables, limons, argiles. Leur proportion définit la texture du sol. On peut l'évaluer simplement de deux façons : avec le test du bocal (cf p. 53) et avec le test… du boudin :

Prenez une poignée de terre humide, façonnez en anneau :

- Vous n'arrivez pas à former un boudin : le sol est sableux.
- le boudin est cassant : la terre est limoneuse.
- l'anneau se forme sans difficulté : le sol est argileux.

VENDREDI 11 — *N.-D. Lourdes* — APOGÉE

SAMEDI 12 — *St Félix* — 01 H 25

DIMANCHE 13 — *Ste Béatrice*

« De Sainte Béatrice la nuée,
assure six semaines mouillées »

FÉVRIER
[SEMAINE 07]

MÉMO VERGER

Prélèvement
❒ des greffons : ....
Traitement
❒ des pêchers contre la cloque : ....

Taille
❒ des pommiers : ....
❒ des poiriers : ....

LUNDI 14 *St Valentin*
07 H 19

◗ RÉVEIL DE LA VÉGÉTATION
(mi-février/mi-mars)
De la floraison des perce-neige à celle du forsythia
La promesse du printemps s'annonce. La durée du jour s'allonge, les bourgeons des arbres gonflent, des journées aux températures douces égaient cette période hivernale. Car l'hiver est toujours là et cette période est souvent marquée par de fréquentes gelées.

MARDI 15 *St Faustin*

À REPÉRER : En 2022, la floraison du **forsythia** : ....

20 H 46

MERCREDI 16 *Ste Julienne*

«Valentin et Faustin
font geler sur leur chemin» (14 & 15/02)

LES POLLINISATEURS, TOUT UN MONDE DE CUPIDONS VARIÉS

Lorsqu'on évoque les pollinisateurs, l'insecte qui vient à l'esprit est tout d'abord l'abeille domestique. Avec leurs cousines les abeilles sauvages (p. 81), il s'agit en effet des pollinisateurs majeurs. Brosse de soie, «corbeilles», pelage plumeaux et accrocheur… le corps de ces hyménoptères est parfaitement adapté à la récolte et au transport du pollen dont ils nourrissent leurs larves. Il existe toutefois d'autres pollinisateurs.

JEUDI 17 *St Alexis*

– Ainsi les coléoptères (cétoine, bupreste, cantharide…) qui sont assez patauds, voire brutaux : certains dévorent la fleur avec ses organes reproducteurs en recherchant son nectar. Ces insectes interviennent néanmoins dans la fécondation de plantes diverses : courges et autres Cucurbitacées, châtaignier…
– Les diptères comptent aussi parmi les pollinisateurs. Il s'agit des syrphes, des bombyles (revêtus d'une fourrure et d'une longue trompe), des tachinaires mais aussi de mouches tout à fait communes comme la lucilie césar, la mouche bleue ou celle à damier.
– Les papillons, des lépidoptères, sont des pollinisateurs presque aussi efficaces que les abeilles. Mais, n'ayant pas de progéniture, ils sont moins assidus au butinage. Ces insectes sont munis d'une trompe longue et fine qui leur permet de capter le nectar des fleurs profondes parfois inaccessibles à d'autres pollinisateurs.

VENDREDI 18 *St Siméon*
14 H 44

SAMEDI 19 *St Gabin*

POURQUOI PAS ? LE LAURIER-TIN

Vous avez envie d'un arbuste au feuillage persistant, qui se taille facilement et qui fleurit en hiver ? Le laurier-tin offre de novembre à avril des fleurs en ombelles qui, selon certains, développent une discrète odeur de miel. Elles n'offrent que très peu de nutriments aux abeilles mais tout de même de façon précoce. La floraison du laurier-tin attire par ailleurs, au moindre rayon de soleil, une foule de mouches et d'autres butineurs.

DIMANCHE 20 *Ste Aimée*

FÉVRIER
[SEMAINE 08]

MÉMO CUEILLETTE SAUVAGE

Racines
- ❒ de bardane : ....
- ❒ de berce : ....
- ❒ de carottes sauvages : ....

Feuilles
- ❒ d'ail des vignes, mâche sauvage : ....

Fleurs
- ❒ de violette : ....

LUNDI 21 — *St P. Damien* — 23 H 34

MARDI 22 — *Ste Isabelle*

MERCREDI 23 — *St Lazare* — NŒUD DESCENDANT — 14 H 20

JEUDI 24 — *St Modeste*

VENDREDI 25 — *St Roméo* — 11 H 49

SAMEDI 26 — *St Nestor* — PÉRIGÉE

DIMANCHE 27 — *Ste Honorine* — 18 H 00

« À la saint Pierre-Damien,
L'hiver reprend ou s'éteint. »

MON SOL, COMMENT EST-IL ?

LE TEST DU BOCAL (2/2)

Voici une analyse de la granulométrie assez fiable. Elle est toute simple à réaliser, mais demande un peu de méthode :

- Après avoir retiré les premiers centimètres, prélevez l'équivalent d'un bol de terre sur 10 cm de profondeur environ. Tamisez pour retirer les débris végétaux et les cailloux. Versez la terre dans un bocal.
- Versez de l'eau dans le bocal de façon à le remplir aux trois quarts. Fermez et secouez vigoureusement. Retirez le couvercle et posez le bocal à plat.
- Attention, démarrez le chronomètre :
  - au bout de 40 secondes, mesurez et notez la couche qui se dépose. Il s'agit des sables.
  - Attendez 30 minutes et mesurez la hauteur totale du dépôt : en soustrayant le chiffre précédent, vous obtenez l'épaisseur s'il s'agit des limons.
  - 24 h à 48 h plus tard, mesurez une dernière fois, soustrayez pour obtenir la hauteur des argiles.
- Une règle de trois vous permettra de connaître le pourcentage des particules minérales de votre sol.

« Si Saint Modeste trouve la glace, il la casse.
S'il n'en trouve pas, faut qu'il en fasse »

À REPÉRER : L'ÉTONNANT PAPILLON CITRON

Vous le connaissez ce papillon aux ailes jaunes ponctuées par un point orange (qui repliées sont verdâtres et nervurées, ressemblant à s'y méprendre à des feuilles) : on le rencontre partout en France une grande partie de l'année. En effet le Citron peut vivre jusqu'à 12 mois. Il connaît une pause estivale : une longue sieste pour échapper au soleil brûlant. Ainsi qu'un repos hivernal de courte durée puisque dès les premières belles journées de février on peut le voir voleter. Comment un papillon aussi fragile peut ainsi supporter les rigueurs de l'hiver ? Il sécrète une substance antigel qui lui permet de survivre même recouvert d'une épaisse couche de neige !

En 2022, le premier **papillon citron** : ....

MULTIPLIER LA RHUBARBE : C'EST MAINTENANT !

Rose vif, tout ronds, les bourgeons de la rhubarbe affleurent le sol. C'est en ce moment qu'elle est le plus facile à multiplier. Faites tomber verticalement une bêche à la périphérie de la souche afin de couper des éclats. Chacun doit être muni d'au moins un bourgeon et quelques racines. Installez-les dans un endroit où le sol reste frais.

« À la Sainte Honorine, Bourgeonne l'aubépine » (en Picardie)

FÉV./MARS
[SEMAINE 09]

MÉMO POTAGER 1
Semis en pleine terre
❒ arroche, cerfeuil : ....
❒ cresson alénois, fèves : ....
❒ épinard : ....
❒ laitue : ....
❒ pois : ....
❒ radis : ....

LUNDI
28
St Romain

MARDI
1
St Aubin
Carnaval
15H06

MERCREDI
2
St Charles le B.

JEUDI
3
Ste Cunégonde
21H24

VENDREDI
4
St Casimir

SAMEDI
5
Ste Olive

DIMANCHE
6
Ste Colette
14H12

«La vigne me dit :
En mars me lie, en mars me taille,
En mars il faut qu'on me travaille»

EN MARS, TAILLEZ LA VIGNE

... et sans trop attendre sous peine de la voir «pleurer» : la sève peut parfois s'écouler longuement après la taille. Pour cela, repérez les rameaux émis l'année passée, comptez 3 bourgeons à partir de la base. Sectionnez juste au-dessus du dernier. Si vous vivez dans des endroits où sévissent souvent des gelées printanières, par sécurité, taillez au-dessus de 5 bourgeons.

«À la Sainte Cunégonde
La terre redevient féconde» (3/03)

LES FLEURS : DE GRANDES SÉDUCTRICES

La fleur est... un instrument de drague, une invention du végétal pour attirer les insectes nécessaires à sa fécondation. Avec une promesse de nectar, elle attire dans sa corolle les butineurs qui se retrouvent alors couverts de pollen qu'ils transportent d'une fleur à l'autre, assurant leur fécondation...

Pour attirer les insectes, les fleurs affichent certaines formes, couleurs et odeurs. Il peut s'agir de fragrances suaves... ou originales. Ainsi la berce (cf p. 71) dégage une odeur d'urine fermentée irrésistible pour les mouches.

Certains pétales comportent des guides nectarifères, des points, des découpes, des lignes et des taches qui orientent les pollinisateurs vers le nectar de la fleur. Les orchidées, qui n'ont pas de nectar, adoptent une autre stratégie. Certaines présentent des fleurs qui imitent le corps d'abeilles sauvages mais aussi leurs odeurs. Le mâle croit s'accoupler avec sa belle, se couvre de pollen et va conter fleurette avec d'autres orchidées qu'il féconde ainsi.

À REPÉRER : AU RAS DU SOL, L'ANDRÈNE VAGABONDE

Parmi les abeilles sauvages, l'andrène vagabonde sort en mars des terrains, plutôt sableux, où les femelles creusent des galerie de ponte.

En 2022, la première **andrène** : ....

MARS
[SEMAINE 10]

MÉMO POTAGER 2

Plantation
- ❒ ail de printemps : ....
- ❒ chou-fleur, chou pommé : ....
- ❒ échalote, oignon : ....

Semis au chaud
- ❒ aubergine, melon, poivron, tomate : ....

Semis sous abri
- ❒ carotte primeur, navet de printemps, laitue de printemps : ....

LUNDI 7 *Ste Félicie*

MARDI 8 *St Jean-de-Dieu* — 07 H 05 ▶ — NŒUD ASCENDANT ▶

MERCREDI 9 *Ste Françoise*

JEUDI 10 *St Vivien*

VENDREDI 11 *Ste Rosine* — APOGÉE ▶ — 09 H 23 ▶

SAMEDI 12 *St Grégoire*

DIMANCHE 13 *Ste Euphrasie* — 15 H 28 ▶

QU'EST-CE QUE C'EST ? LES GIBOULÉES

De brèves averses de pluie mêlée de grêlons et de neige. Elles sont marquées par un refroidissement et souvent accompagnées de bourrasques de vent.

Elles apparaissent en fin d'hiver lorsque l'écart devient important entre l'air froid persistant en altitude et les basses couches de l'atmosphère qui se sont progressivement réchauffées. De puissants courants ascendants forment des nuages instables, qui donneront des giboulées.

OPÉRATION POMMES DE TERRE 1/2 :

Dès le mois prochain débutera la plantation des pommes de terre. Préparez-la en faisant germer des tubercules 4 à 6 semaines à l'avance. Pour cela, placez-les à plat, sans les superposer, dans une cagette (ou sur une plaque à œufs alvéolée). Mais le plus important de tout : stockez-les à la lumière (sans soleil direct) et au frais : 8-15 °C.

Les germes vont se développer sur le pourtour des tubercules. Ils doivent être courts, trapus et colorés. Ils cessent de se développer dès que des ébauches de feuilles apparaissent et peuvent alors être plantés.

STOP À LA TAILLE DES HAIES !

En avril, la plupart des oiseaux sont occupés à constituer leur foyer. S'ils ne sont pas en train de rassembler des brindilles et des filaments (notamment les pies), ils pondent leurs œufs ou donnent la becquée à leurs petits. Pour ne pas déranger ces nichées, on évite donc de tailler les haies et, ce, dès le 15 mars.

MARS
[SEMAINE 11]

MÉMO VERGER
Taille
❒ vigne, pommier, poirier : ....
Greffe en couronne
❒ Plantation boutures de petits fruits : ......

MÉMO CUEILLETTE SAUVAGE
❒ Racines de réglisse : ....
❒ Feuilles d'ail des vignes, chénopode, poireau des vignes : ....
❒ Fleurs de violette, primevères : ....

LUNDI 14 *Ste Mathilde*

MARDI 15 *Ste Louise* — 05H02

MERCREDI 16 *Ste Bénédicte*

JEUDI 17 *St Patrick* — 22H35

VENDREDI 18 *St Cyril*

SAMEDI 19 *St José*

DIMANCHE 20 *St Herbert* ÉQUINOXE

LA SAISON DU PREMIER PRINTEMPS
(mi-mars-fin avril)

De la floraison du forsythia à celle des lilas

La fin de l'hiver est arrivée… mais pas celle de quelques épisodes de froid. Toutefois de nombreuses plantes peuvent être semées directement en place dans le jardin. C'est une période lunatique avec de doux jours ensoleillés parfois interrompus par des giboulées.

À REPÉRER :

En 2022, début de la floraison du **forsythia** : ....

ZOOM SUR LA RONCE

Le jardinier ne l'aime pas. Et il est vrai que si la ronce nous régale de ses fruits, sa vigueur, son agressivité nous invitent à la bannir du jardin. Elle peut néanmoins trouver sa place dans la haie… ou même être domestiquée sur une clôture (p. 50).

Les fleurs de la ronce s'épanouissent de juin à août. Elles sont recherchées par divers butineurs, car elles s'avèrent très riches en nectar. Les mûres sont bien sûr appréciées de nombreux gourmands dont plusieurs oiseaux. La ronce est une plante à moelle dont les tiges creuses servent d'abri à plusieurs auxiliaires comme les micro-guêpes prédatrices de pucerons. Elles sont aussi occupées par le cynips de la ronce dont la présence provoque l'apparition de galles fuselées sur les rameaux du végétal. Plusieurs chenilles gîtent sur cette plante : argus vert de la ronce, noctuelle, bombyx de la ronce, minime à bandes jaunes…

« Sème tes pois à la Saint Patrick
Tu en auras à ton caprice » (17/03)

« À la Saint José,
Sème tes poués » (Bretagne) (19/03)

PETITS POIS : C'EST LE BON MOMENT !

Résistant au froid, les petits pois peuvent se semer dès le mois de février, mais vous serez bien souvent obligé d'attendre que le terrain se « ressuie » (c'est-à-dire qu'il ne soit plus détrempé) et qu'il se réchauffe. Des conditions obtenues à l'approche du printemps.

Les petits pois se sèment en ligne ou en poquets de quelques graines. Dès le semis, installez à leur pied des ramilles de noisetier, l'extrémité fourchue des branches. Elles serviront de support aux pois qui sont volubiles. Attention il est parfois nécessaire de couvrir les semis d'un voile pour les protéger de l'appétit des pigeons et autres oiseaux qui raffolent des graines germées et des tout jeunes plants.

MARS
[SEMAINE 12]

MÉMO JARDIN D'ORNEMENT

Semis en pleine terre

❒ ancolie, bourrache : ....

❒ capucine, coquelicot : ....

❒ nigelle, souci : ....

Plantation

❒ des glaïeuls, lis et autres bulbes à floraison estivale : ....

Regarnissage de la pelouse.

LUNDI 21 *Ste Clémence* — 05 H 50

MARDI 22 *Ste Léa* — NŒUD DESCENDANT — 19 H 04

MERCREDI 23 *St Victorien*

JEUDI 24 *Ste Cath. de S.* — PÉRIGÉE — 17 H 14

VENDREDI 25 *Annonciation*

SAMEDI 26 *Ste Larissa*

DIMANCHE 27 *St Habib* — 00 H 14

DÉSHABILLEZ LES ARTICHAUTS

Il est temps de retirer les protections de ces légumes vivaces. Vous pourrez observer à la base des artichauts de petits rejets, les « œilletons » que vous pourrez repiquer le mois prochain.

QU'EST-CE QUE C'EST ? L'EFFET DE SERRE

Le soleil émet des rayons infra-rouges qui apportent de la chaleur. Ceux-ci viennent frapper le sol où ils sont réfléchis. Le verre, le plastique ou un voile en polypropylène ont la capacité de piéger une partie de ce rayonnement et créent donc des abris sous lesquels la température va être bien plus élevée qu'à l'extérieur. C'est ce phénomène qui va être utilisé par le jardinier pour protéger les plantes frileuses en installant des châssis (des coffres en bois surmontés de plaques de verre), des tunnels, des cloches, des voiles d'hivernage…

ZOOM SUR LA CHRYSOPE

Cet insecte se reconnaît très facilement à ses longues ailes nervurées, transparentes, d'un vert irisé, disposées en toit. Il possède de longues antennes et des yeux jaunes saillants qui lui ont valu le joli surnom de « demoiselle aux yeux d'or ». Sa larve, encore appelée « lion des pucerons » peut consommer jusqu'à 500 de ces ravageurs ainsi que 10 000 acariens, des aleurodes, des œufs de papillon, des larves de cochenilles et des ravageurs peu mobiles.

Dès la fin de l'hiver, les femelles, pour pondre, repèrent des feuillages infestés de pucerons. Elles déposent leurs œufs au bout de longs filaments dressés. À peine écloses, les larves chassent avec avidité. En automne, elles se transforment en adultes qui recherche alors un abri pour passer l'hiver.

MARS/AVRIL
[SEMAINE 13]

MÉMO AU POTAGER

Plantation ❐ artichaut, choux, échalote, laitue, pommes de terre : ....

Semis sous abri
❐ basilic, concombre, courgette, courges, melon, physalis : ....

Semis en pleine terre
❐ arroche, betterave précoce : ....
❐ carotte d'été : ....
❐ épinard de printemps, laitue, pois, radis : ....

LUNDI 28 *St Gontran*
23H30

MARDI 29 *Ste Gwladys*

MERCREDI 30 *St Amédée*

JEUDI 31 *St Benjamin*
06H58

VENDREDI 1 *St Hugues*

SAMEDI 2 *Ste Sandrine* *Cendres*
23H31

DIMANCHE 3 *St Richard*

ZOOM SUR LE SYRPHE

Vous avez certainement déjà observé ces petits diptères (comprenez des mouches) déguisés en guêpes ou en abeille avec leurs abdomens rayés de jaune et de noir. Ils se reconnaissent également à leur vol stationnaire (tant les mouvements de leurs ailes sont rapides) au-dessus des fleurs. Non seulement les syrphes adultes sont d'intéressants pollinisateurs, leur corps velu accrochant et transportant bien le pollen, mais leurs larves sont de redoutables prédateurs. Une seule d'entre elles peut dévorer jusqu'à 700 pucerons tout au long de son développement. Comment les accueillir dans le jardin ? En leur offrant des fleurs bien sûr. Et plus particulièrement les larges ombelles plates des carottes, de la coriandre et des autres Apiacées, qui servent aux syrphes de parfaites pistes d'atterrissage. Plus la nourriture des femelles est importante, plus leur ponte est abondante.

« Gelée de lune rousse,
De la plante brûle la pousse »

QU'EST-CE QUE C'EST ? GARE À LA LUNE ROUSSE !

Durant le mois qui suit la nouvelle lune, les belles journées sont parfois trompeuses : la nuit, des gelées nocturnes peuvent brûler les jeunes pousses, les roussir. D'où ce nom de lune « rousse ». Jusqu'au 30 mai, consultez la météo agricole et scrutez le ciel le soir : s'il est dégagé et qu'il fait froid, gare au gel ! Couvrez les plantes frileuses d'un voile d'hivernage.

AVRIL
[SEMAINE 14]

MÉMO VERGER

Plantation
- ❒ des boutures de groseilliers, de cassissiers, des plants d'arbustes : ....

Greffes
- ❒ des fruitiers à pépins : ....
- ❒ des fruitiers à noyaux : ....

LUNDI 4 *St Isidore* — NŒUD ASCENDANT — 16 H 41

« À la Saint Isidore, Si le soleil dore, Le blé sera haut et chenu, Mais le pommier sera nu

ET POURQUOI PAS ? DE LA CORIANDRE VIETNAMIENNE

On l'appelle encore renouée odorante, basilic chinois, rau ram. Cette plante vivace assez haute (au moins 40 cm) est couverte d'étonnantes feuilles lancéolées, marquées en leur milieu d'une tache sombre en forme de V. Elle possède une saveur de coriandre citronnée et poivrée… mais surtout démultipliée. C'est donc avec précaution qu'on l'utilise. Elle fait merveille dans les plats asiatiques sucrés-salés : salade de crevettes au pamplemousse, porc au caramel…

Si vous vivez dans une région aux hivers rigoureux, mieux vaut la cultiver en pot et l'hiverner.

MARDI 5 *Ste Irène*

MERCREDI 6 *St Marcellin*

*« **Sainte Judith voit pinson au nid** »* (9/04)

NIDS DOUILLETS DU GAI PINSON

Ce sont les mâles des pinsons qui déterminent l'emplacement de leur nid, dans un arbre ou une haie, de 3 à 12 m au-dessus du sol. Les femelles édifient alors, en une semaine, une vraie œuvre douillette : une coupe de tiges entremêlées de radicelles et de mousses qu'elles garnissent à l'extérieur avec des lichens et des cocons liés par du fil d'araignée. L'intérieur du nid est matelassé de végétaux doux, de brins de laine, de cheveux.

JEUDI 7 *St J.-B. de la S.* — APOGÉE — 18 H 29

VENDREDI 8 *Ste Constance*

QU'EST-CE QUE C'EST ? LES RAMEAUX

Le dimanche des Rameaux commémore l'entrée du Christ à Jérusalem, six jours avant la Pâque juive. On raconte alors que de nombreux fidèles jonchèrent le sol de branches coupées devant Jésus. Un acte symbolisé par les branches de buis que l'on fait bénir lors de la messe des Rameaux. Elles étaient conservés durant l'année pour être brûlées le jour des Cendres (le 2 mars). Lors de cette entrée en carême les prêtres traçaient le signe de la croix avec les cendres des rameaux de buis bénis.

SAMEDI 9 *Ste Judith*

*« **Le vent qui a soufflé pendant l'office du dimanche des Rameaux sera le vent de l'année : c'est le coq du clocher qui en a décidé.** »* (10/04)

DIMANCHE 10 *St Fulbert* *Rameaux* — 00 H 48

À vérifier : pourquoi pas en installant une girouette ou même un anémomètre ?

Sens du vent : …

AVRIL
[SEMAINE 15]

MÉMO JARDIN D'ORNEMENT

Semer

- ❒ œillet d'Inde, capucine : ....
- ❒ cosmos, lavatère : ....
- ❒ zinnias… : ....

Multiplier les dahlias.
Division des vivaces.
Plantation des bulbes

- ❒ lis, glaïeul… : ....

LUNDI 11 — *St Stanislas* — 14H48

DOMPTEZ LE SEMIS DES CAPRICIEUSES !

Carottes, panais, persil… ces plantes appartenant à la famille des Astéracées ont la fâcheuse tendance à nous faire longuement patienter avant de germer (ou pas). Plongez les semences la veille du semis dans un verre d'eau. Ou alors testez cette méthode : disposez quelques graines dans un germoir. Puis le lendemain, toutes les autres graines. Dès que le premier germe apparaît, vite : semez vos graines.

MARDI 12 — *St Jules*

«Soleil de Sainte Ida,
Est riche de mimosa» (13/04)

Si le temps est beau à cette période de l'année, les floraisons des arbustes de printemps explosent : celle des mimosas mais aussi des corêtes du Japon, des mahonias…

MERCREDI 13 — *Ste Ida*

«Lorsqu'arrive la Saint Valérien,
l'arbre bourgeonne et les fruits ne sont plus loin» (14/04)

ZOOM SUR L'ORTIE

JEUDI 14 — *St Valérien* — 08H54

La plante piquante n'accueille pas moins de 120 espèces animales (dont 30 sortes d'insectes), qui lui sont plus ou moins inféodées. Les touffes d'ortie sont de véritables garde-manger pour de nombreux animaux. Ainsi les hérissons qui consomment leurs feuilles et plusieurs oiseaux qui raffolent de leurs grappes de graines : faisan et perdrix, bouvreuil, serin, tarin, bruant des roseaux, sizerin flammé…

Une demi-douzaine de mouches creusent des galeries dans les tiges de l'ortie.

VENDREDI 15 — *St Paterne*

Quant aux papillons qui vivent ou font halte sur l'ortie pour déposer leurs œufs ou nourrir leurs larves, ils sont légion : paon-du-jour, belle-dame, vulcain, robert-le-diable, Carte géographique…

Chenilles, pucerons, cicadelles… en attirant ces ravageurs, l'ortie joue le rôle de plante-banque, de garde-manger pour les auxiliaires.

SAMEDI 16 — *St Benoît-J.*

OPÉRATION POMMES DE TERRE 2/2 :

PLANTEZ… SOUS PAILLE

Les lilas fleurissent ? La grande période de plantation des pommes de terre peut débuter (et se prolonger jusque fin juin). Traditionnellement, on recouvre les pommes de terre posées sur le sol d'une butte de terre, mais vous pouvez la remplacer par une épaisse couche de paille sèche (ni fumier, ni tonte). Vous rajouterez simplement un peu de paille au fur et à mesure que les pousses se développent.

DIMANCHE 17 — *St Anicet* — *PÂQUES* — 15H12

AVRIL
[SEMAINE 16]

MÉMO CUEILLETTE SAUVAGE

Bourgeons
- ❒ d'épicéa feuilles, d'ail des ours : ....
- ❒ alliaire, amarante, chénopode, ortie : ....

Pousses
- ❒ de houblon : ....
- ❒ de tamier : ....

LUNDI 18
St Parfait
Lun. de Pâques
NŒUD DESCENDANT

MARDI 19
Ste Emma
03 H 26
PÉRIGÉE

MERCREDI 20
St Théodore

JEUDI 21
St Anselme
00 H 20

VENDREDI 22
Ste Opportune

SAMEDI 23
St Georges
06 H 33

DIMANCHE 24
St Fidèle

LA SAISON DU PRINTEMPS
(mi-avril/mi-mai)

De la floraison des lilas à celle de la glycine

Le printemps s'est installé : les oiseaux chantent leurs amours au milieu des arbres en fleurs. Dans le jardin, de nombreuses cultures sont mises en place. Restent les plantes frileuses (tomates, géranium, basilic…). Attention toutefois : le printemps est une période de transition. Le soleil alterne avec la pluie et la douceur des températures peut brusquement chuter.

À REPÉRER :

En 2022, début de la floraison du **lilas** : ....

PAS DE PANIQUE ! MES FRAISIERS SONT TOUT JAUNES

Cette décoloration des feuilles des fraisiers, des rosiers, des pêchers et autres plantes est le symptôme d'une chlorose, d'un blocage de l'adsorption du fer. Elle est très commune dans les sols basiques lors des printemps frais. Vaporisez une solution de chélate de fer sur les végétaux les plus atteints. Les feuilles reverdissent alors à vue d'œil. Boostez également les plantes avec du purin d'ortie. Apportez également de la matière organique sur le sol : rien de mieux que maintenir le taux d'humus pour limiter les risques de chlorose.

RETIREZ LES PAILLAGES

Avril est le grand mois des semis des légumes de printemps, des plantes qui supportent parfaitement l'alternance de périodes douces et fraîches. Ôtez donc les paillages afin que le sol puisse se réchauffer. Qu'en faire ? Versez-les sur le tas de compost. Une fois les semis effectués, les plantes commencent à germer. Le sol n'est plus nu, il n'y a donc plus aucune raison de le couvrir. Pire : les paillages limitent la germination des graines de « mauvaises herbes », celle des légumes aussi.

« ***Saint Georges*** (le 23), ***Saint Marc*** (le 25) ***sont réputés saints grêleurs*** »

À VÉRIFIER : CHEVALIERS DU FROID

C'est à la saint Georges que peut débuter une période glaciale causée par l'arrivée d'air polaire. Un temps frisquet qui peut se prolonger jusqu'au 6 mai.

AVRIL/MAI
[SEMAINE 17]

LUNDI 25 — St Marc — 05H03

« *«Quand Saint Marc n'est pas beau, pas de fruits à couteau»*

EN AVRIL NE TE DÉCOUVRE PAS D'UN FIL : ON MET LES VOILES ! !

Lune rousse, cavaliers du froid… durant toute cette période aux belles journées ensoleillées peuvent succéder des soirées glaciales. Si le ciel est dégagé, couvrez les plantes les plus frileuses d'un voile d'hivernage. Il s'agit de bandes de tissu synthétique, des filaments de polypropylène pressés mais non tissés. Sous leur protection, les plantes bénéficient d'un supplément de 2 à 4 °C.

On les qualifie encore de voiles «de forçage» car, grâce à l'effet de serre, ils créent un microclimat plus chaud et plus humide qui favorise la germination des graines. Selon la plante que l'on cultive, on peut obtenir une précocité de 1 à 3 semaines.

MARDI 26 — Ste Alida

MERCREDI 27 — Ste Zita — 13H30

NOTEZ LES TEMPÉRATURES DU JOUR (ET DES DEUX SUIVANTS)

C'est-à-dire les 28, 29 et 30 avril. Pourquoi ? Parce qu'il s'agirait des véritables dates des Saints de Glace, celles présentes dans le calendrier julien et décalées en mai par le passage au calendrier grégorien en 1582.

JEUDI 28 — St Vital

« *«À la Saint Vital, pluie et gel font tout le mal»*

« ENDURCISSEZ VOS PLANTS »

Vous avez élevé vos plants sous abri (dans la maison, sous serre, dans la véranda), préparez-les à la plantation en pleine terre en les endurcissant : pour cela, placez-les dehors la journée avant de les rentrer le soir.

VENDREDI 29 — Ste Cath. de S.

QU'EST-CE QUE C'EST ? GARE À LA LUNE ROUSSE ! (30/05)

Durant le mois qui suit la nouvelle lune, les belles journées sont parfois trompeuses : la nuit, des gelées nocturnes peuvent brûler les jeunes pousses. Jusqu'au 30 mai, consultez la météo agricole et scrutez le ciel le soir : s'il est dégagé et qu'il fait froid, gare au gel ! Couvrez les plantes frileuses d'un voile d'hivernage.

À noter : les Anglo-saxons appellent cette lunaison *the pink moon*, la lune rose.

SAMEDI 30 — St Robert — 07H01

DIMANCHE 1 — St Jérémie — Fête du travail

NŒUD ASCENDANT

MAI [SEMAINE 18]

MÉMO POTAGER

Plantation : ❐ artichaut, brocoli, choux (de Bruxelles, pommés), échalote, laitue, pommes de terre : ....

Semis sous abri (jusqu'à mi-mai en pleine terre ensuite) : ❐ basilic, concombre, courgette, courges, melon, physalis : ....

Semis en pleine terre : ❐ arroche, bette, bette-rave précoce, carotte d'été, chou-rave, épinard, haricot, laitue, panais, pois, radis, roquette : .....

LUNDI 2 — *St Boris* — 00H25

MARDI 3 — *St Philippe*

MERCREDI 4 — *St Sylvain*

JEUDI 5 — *Ste Judith* — 02H04 — APOGÉE

VENDREDI 6 — *Ste Prudence*

SAMEDI 7 — *Ste Gisèle* — 08H33

DIMANCHE 8 — *St Désiré* — *Victoire 1945* — 23H02

«Sainte Judith voit pinson au nid» (5/05)

À REPÉRER : LES CONCERTS DES OISEAUX

C'est en mai que chante le plus grand nombre d'oiseaux, souvent avant même la levée du soleil. Trilles, roucoulades, sifflement, les mâles chantent pour éloigner leurs rivaux et attirer leur future compagne.

Le chant du rossignol (de nuit comme de jour) est justement renommé par sa puissance et la créativité de ses modulations. Ce petit oiseau migrateur peut s'entendre dès la fin mars dans le Midi, en avril et début mai ailleurs.

En 2022, premier chant du **rossignol** : ....

«En avril le sureau doit fleurir, sinon le paysan va souffrir»

ZOOM SUR LE SUREAU

Assez décoratif, offrant fleurs et fruits gourmands, le sureau mérite d'être présent dans tous les jardins. Ses rameaux se gainent souvent de pucerons au printemps. Pas d'inquiétude : ils sont inféodés au sureau et n'iront pas sur les plantes cultivées. En revanche, ils attirent leurs prédateurs qui, eux, iront à la recherche de tous les pucerons du jardin. Les tiges creuses du sureau accueillent divers auxiliaires comme les guêpes prédatrices et son feuillage nourrit diverses chenilles de papillon : phalène du sureau, sphinx du troène…

Les fleurs de sureau sont pauvres en nectar, mais elles attirent nombre d'insectes consommateurs de pollen comme les bourdons, les coléoptères (ces petits insectes noirs que l'on voit en nombre lors de la cueillette des fleurs). Les baies de sureau, dont la maturation s'étale d'août à septembre, sont recherchées par les oiseaux, notamment par les grives, les étourneaux et les rouges-gorges.

À REPÉRER :

En 2022, début la floraison du **sureau noir** : ....

RECETTE DE SAISON : SIROP DE FLEURS DE SUREAU

Mélangez 15 belles ombelles, 1 kg de sucre, 40 g d'acide citrique, 1 citron coupé en morceaux et 50 cl d'eau. Laissez macérer pendant 1 à 3 semaines avant de filtrer. Ce sirop se conserve dans un placard pendant 1 ans et plus.

MAI
[SEMAINE 19]

MÉMO VERGER

Plantation
❒ des arbustes en conteneurs : ....

Transplantation
❒ des rejets de framboisiers : ....

Palissage
❒ des ronces domestiques : ....

LUNDI 9 — *St Pacôme*

MARDI 10 — *Ste Solange*

MERCREDI 11 — *St Mamert*

18 H 26

JEUDI 12 — *St Pancrace*

VENDREDI 13 — *St Servais*

SAMEDI 14 — *St Matthias*

DIMANCHE 15 — *Ste Denise*

01 H 19

NŒUD DESCENDANT

LA SAISON DE LA FIN DU PRINTEMPS
(mi-mai/fin juin)
De la floraison des aubépines à celle des althéas

Le printemps cède petit à petit la place à l'été. Hors des régions montagnardes, les gelées ne sont plus à craindre. Semis et plantations battent donc leur plein. La chaleur augmente, tandis que les pluies baissent souvent mais attention, grêle et orage peuvent toutefois être au rendez-vous.

À noter : ce sont les boutons floraux de l'aubépine que l'on cueille pour leurs vertus médicinales donc juste avant la floraison.

À REPÉRER : En 2022, début de la floraison de l'**aubépine** : ....

«Les saints Servais (le 13)*, Pancrace* (le 12) *et Mamert* (le 11)
À eux trois un petit hiver»

À VÉRIFIER : UN BRUSQUE REFROIDISSEMENT DES TEMPÉRATURES ?

Les 11, 12 et 13 mai sont célébrés les fameux Saints de Glace. Vous n'aurez pas obligatoirement à protéger les plantes frileuses du gel mais vous noterez peut-être un retour des frimas hivernaux après des journées chaudes et ensoleillées.

Rappelez-vous : ces trois jours sont un repère, ils invitent le jardinier à la prudence, mais ils ne sont pas une règle absolue. Selon la région et la météorologie de l'année, on peut parfaitement planter et semer avant les Saints de glace.

POURQUOI PAS ? L'AMÉLANCHIER

De belle envergure, ce fruitier au port arbustif s'installe en isolé ou dans une haie, mais également au milieu des fleurs. En effet, l'amélanchier séduit tant par son abondante floraison blanche au printemps que par la beauté de son feuillage flamboyant en automne. Il se couvre de petites baies rouges devenant bleu-noir en mûrissant, très sucrées et douces. Elles se dégustent crues, en confiture ou sèches.

MAI
[SEMAINE 20]

MÉMO JARDIN D'ORNEMENT

Semis en pleine terre

❒ capucine, cosmos, lavatère, œillet d'Inde, pétunia, reine-marguerite, zinnia… : ......

Plantation

❒ impatiens, pélargonium, pétunia, sauge, verveine… : ....

Taille

❒ des arbustes à floraison printanière : ......

LUNDI
16
St Honoré

13H01

MARDI
17
St Pascal

PÉRIGÉE

MERCREDI
18
St Éric

08H41

JEUDI
19
St Yvon

VENDREDI
20
St Bernardin

13H12

SAMEDI
21
St Constantin

DIMANCHE
22
St Émile

10H42

POURQUOI PAS ? LA MÉLISSE DE MOLDAVIE

Encore appelée dracocéphale (*Dracocephalum moldavicum*), cette plante forme rapidement un buisson à l'abondante floraison bleue. Très mellifère, elle attire de nombreux butineurs. Son feuillage et ses pousses au parfum citronné sont mis à infuser dans de l'eau, de l'huile et de l'alcool pour confectionner la « liqueur de Moldavie ». Quant aux tiges de cette mélisse, elles enveloppent des grillades et des poissons.

« Craignez le petit Yvonet, le pire quand il s'y met » (19/05)

QU'EST-CE QUE C'EST ? LES « SUPERS LUNES »

La distance entre la Terre et la Lune oscille entre 356 355 et 406 725 km. Quatre fois par an, lorsque la Lune est le plus proche de la Terre et qu'elle est pleine, il peut sembler que celle-ci soit plus grosse ou plus lumineuse qu'à l'accoutumée. On les appelle « super lunes », et ce plus particulièrement en Amérique du Nord où chaque pleine lune possède un nom spécifique.

LES SUPERS LUNES DE L'ANNÉE 2022 :

16 mai : super lune des Fleurs
14 juin : super lune des Fraises
13 juillet : super lune du Daim
14 août : super lune de l'Esturgeon

« Brouillard de mai, chaleur de juin,
Amènent des récoltes au jardin à point »

À REPÉRER : DRÔLE D'ABEILLE !

Pas discret avec son vol bruyant, le xylocope étonne par sa grande taille et sa couleur noire lavée de bleu-violacé et métallisé. Il se couvre de pollen en butinant de fleur en fleur. L'insecte pond en avril-mai dans du bois dégradé, ce qui lui vaut le surnom « d'abeille charpentière ».

En 2022, premier **xylocope** : ....

MAI
[SEMAINE 21]

MÉMO CUEILLETTE SAUVAGE

Brin d'aspérules

Feuilles

❒ d'ortie, de salicorne, chénopode, alliaire… : ....

Fleurs

❒ d'acacia : ....

❒ de sureau : ....

❒ de pissenlits : ....

LUNDI 23 *St Didier*

MARDI 24 *St Donatien*

18 H 57

MERCREDI 25 *St Urbain*

JEUDI 26 *St Bérenger* *ASCENSION*

VENDREDI 27 *St Hildever*

13 H 10

SAMEDI 28 *St Germain*

DIMANCHE 29 *St Maximin* *Fête des mères*

06 H 56

NŒUD ASCENDANT

PAS DE PANIQUE ! IL Y A DE GROS VERS BLANCS DANS LE COMPOST !

Pas de panique : il s'agit de larves de cétoine. Elles ressemblent certes beaucoup à celles de hannetons mais elles n'ont pas du tout le même lieu de vie. Les larves de hannetons se trouvent dans la terre en train de se nourrir des racines bien vivantes des arbustes, alors que celles de la cétoine ne s'intéressent qu'à la matière organique qu'elles participent à décomposer. Ce sont donc elles que l'on trouve sous les paillis, dans le fumier décomposé, le compost mûr et le vieux terreau.

«Saint Mamert, saint Pancrace, saint Servais sont les trois saints de Glace, Mais Saint Urbain les tient tous dans sa main» (25/05)

GARE À LA SAINT URBAIN

On méconnaît souvent ce 4ᵉ et dernier saint de Glace. Il nous rappelle que même au cœur du printemps, de brusques refroidissements peuvent encore avoir lieu.

À REPÉRER : LE CHANT DES PELOUSES

Dès le mois de mai et tout l'été, les grillons des champs font entendre leur stridulente mélodie. Ce sont les mâles qui frottent leurs élytres en variant le rythme au gré de leurs humeurs. Le chant le plus connu, rapide et intense, qui peut durer des heures est un appel aux grillonnes. Il se transforme en mélopée douce et lente pour séduire la belle.

Comment favoriser la présence de ce petit insecte dans le jardin ? En favorisant la biodiversité de nos pelouses et en tondant assez haut.

En 2022, le premier chant de **grillon** : ....

«À la Saint Hildever,
Est mort tout arbre qui n'est pas vert»

TAILLEZ LES ARBUSTES À FLORAISON PRINTANIÈRE

Forsythias, lilas, seringats… c'est une fois défleuris qu'il faut tailler ces arbustes. Les pousses porteront les bourgeons floraux qui s'épanouiront l'an prochain. Sectionnez non pas l'extrémité des rameaux, mais les branches à leur base. Coupez ainsi une branche sur trois en choisissant les plus âgées.

«Le jour de Saint Maximin, le sécateur à la main»

MAI/JUIN
[SEMAINE 22]

MÉMO POTAGER

Plantation
- ❐ céleri, chou-fleur : ....
- ❐ chou pommé, laitue, pomme de terre, physalis, poireau d'été : ....

Semis en pleine terre
- ❐ arroche, betterave, carotte : ....
- ❐ chou-rave, fenouil, haricot, laitue, radis, roquette : ....

LUNDI 30 – St Ferdinand

MARDI 31 – Ste Pernelle

MERCREDI 1 – St Justin – 08H48

JEUDI 2 – St Sacrement – APOGÉE

VENDREDI 3 – St Kévin – 15H20

SAMEDI 4 – Ste Clotilde

DIMANCHE 5 – St Igor – PENTECÔTE – 06H08

« Plante tes choux le 1er juin,
Ils viendront bien »

ET POURQUOI PAS ? L'ASPÉRULE

Cette petite plante sauvage fait merveille comme couvre-sol dans les jardins. En mai, ses tiges grêles s'ornent d'une nuée de fleurs, petites ombelles blanches. Inodores lorsqu'ils sont frais, les brins d'aspérule développent en séchant une délicieuse odeur de coumarine (de foin séché). On les fait sécher à l'ombre, au sec, sur un plateau, en veillant à éliminer les brins noircis. Vous pourrez vous en servir pour envelopper des fromages frais, aromatiser le lait, les crèmes ou pour confectionner le fameux « vin de mai ».

RECETTE DE SAISON LE « MAITRANK », UN « VIN DE MAI »

Voici une recette provenant d'Arlon, en Belgique où cette boisson est réputée. Dans un grand récipient en verre, versez 1 l de vin blanc sec, 8 morceaux de sucre, 1 orange coupée en tranches, un verre de cognac (éventuellement remplacé par du Cointreau ou du Grand Marnier) et une douzaine de brins d'aspérule… Laissez macérer 48 h avant de filtrer et d'embouteiller.

À REPÉRER : BELLES CHENILLES POUR DE SUPERBES PAPILLONS

Le très joli machaon a particulièrement souffert des traitements insecticides et trouve souvent refuge dans les jardins. Du moins ceux qui contiennent des carottes, de l'aneth et, mieux encore, du fenouil. Ces plantes nourrissent ses larves bigarrées : vertes, rayées de jaune et ponctuées d'orange et de noir. De belles chenilles qui ne s'en laissent pas conter : agacées et menacées, elles gonflent sur leur tête une fourche orange vif qui dégage une odeur repoussant leurs ennemis.

En 2022, la première chenille de **machaon** : ....
le premier **papillon** : ....

JUIN
[SEMAINE 23]

MÉMO VERGER

Éclaircissage
❒ des pommiers, poiriers, pêchers… : ......

Installation
❒ de pièges à phéromones contre le carpocapse : ....

Taille
❒ des rejets apparaissant sous les points de greffe des arbres : ....

LUNDI 6
St Claude
L. de Pentecôte

MARDI 7
St Gilbert

MERCREDI 8
St Médard
02 H 54

JEUDI 9
Ste Diane

VENDREDI 10
St Landry

SAMEDI 11
St Barnabé
11 H 42

DIMANCHE 12
St Guy
NŒUD DESCENDANT
23 H 42

« Haricots semés à la Saint Claude, Rattraperont tous les autres »

SOL CHAUD ET HUMIDE…

Dans ces conditions, les haricots lèvent très vite. Ne couvrez les graines que d'un peu de terre car, comme le dit un autre adage, elles « doivent voir s'éloigner le jardinier ».

QU'EST-CE QUE C'EST ? LE « SAINT PATRON DE PLUIE »

On ne compte plus les dictons attribuant à saint Médard le risque d'un été pluvieux. Cet évêque, très populaire à son époque, de 456 à 545, est l'objet de nombreuses légendes. Notamment celle qui raconte qu'enfant très charitable il avait donné un cheval à un pauvre fermier. Son père voulut le récupérer et entraîna Médard sous la pluie. Dont il fut protégé par un aigle qui déploya ses ailes au-dessus de lui.

« S'il pleut à la Saint Médard, il pleut (jusqu'à) 40 jours plus tard. À moins que Saint Barnabé, Vienne tout raccommoder »

LE PARFUM SUAVE DES FLEURS D'ACACIA

Que faire des opulentes grappes de fleurs blanches de l'acacia. Des beignets bien sûr ! Voici une recette qui utilise une pâte « à tempura », croustillante, légère : pour 8 grappes de fleurs, mélangez 125 g de farine et un jaune d'œuf et délayez progressivement avec 25 cl d'eau pétillante glacée. Fouettez la pâte, puis trempez les fleurs et faites-les dorer dans la friture. Saupoudrez de sucre glace et dégustez.

En 2022, la floraison de l'**acacia** : ....

PAS DE PANIQUE ! UN "POU" COMPLÈTEMENT INOFFENSIF

Vous l'avez peut-être déjà observé prenant le soleil sur une pierre… Il faut dire que le trombidion soyeux est bien visible avec ces 3 à 4 mm d'envergure et sa couleur d'un carmin éclatant (le rouge est un message pour indiquer sa toxicité à d'éventuels prédateurs).

Ne le confondez pas avec son cousin ô combien enquiquinant, l'aoûtat. Les trombidions soyeux adultes sont des auxiliaires : les adultes dévorent les acariens ravageurs et les œufs de nombreux insectes.

« Le soleil à Saint-Barnabé à Saint Médard casse le nez »

JUIN [SEMAINE 24]

MÉMO JARDIN D'ORNEMENT

Semis en pépinière de pleine terre des bisannuelles :

❒ giroflée, myosotis : ....

❒ pâquerette, pensée… : ....

Plantation

❒ des dahlias et cannas : ....

Mise en place des plantes frileuses :

❒ géranium, dipladenia, solanum… : ....

LUNDI 13 *St Antoine de P.*

MARDI 14 *St Élisée*

19 H 00

MERCREDI 15 *Ste Germaine*

PÉRIGÉE

JEUDI 16 *St Aurélien*

22 H 08

VENDREDI 17 *St Hervé*

SAMEDI 18 *St Léonce*

18 H 11

DIMANCHE 19 *St Gervais* *Fête des pères*

PAS DE PANIQUE ! DES PUCERONS, DES FOURMIS SUR MES ROSIERS

Ils sont horribles ces pucerons qui forment des gaines sur les boutons de roses. Très moches… mais complètement inoffensifs.

Difficile à croire ? Faites l'expérience : repérez une jeune pousse portant plusieurs boutons. Au bout de quelques jours, les pucerons auront disparu et les fleurs s'épanouiront tout à fait normalement.

Les pucerons ont leur utilité. Observez en effet vos rosiers. Y a-t-il des fourmis qui les parcourent ? Si oui, inspectez le feuillage à la recherche de feuilles trouées, grignotées par de petites chenilles. Les rosiers donnent volontiers aux pucerons un peu de sève en contrepartie de quoi ils fournissent du miellat aux fourmis. Lorsque celles-ci sont repues de sucres, elles recherchent des protéines : des œufs d'insectes, des larves… et notamment les chenilles qui grignotent les feuilles des rosiers.

TENTEZ LES « TROIS SŒURS »

De quoi s'agit-il ? De l'association traditionnelle iroquoise de la courge, du maïs et du haricot. Faites une petite butte de terre (30 cm de hauteur). Semez 3-4 graines de maïs en cercle au sommet de cette butte. Lorsque les plants ont atteint environ 15 cm, semez les haricots (attention le sol doit être bien chaud). Installez les plants de courge au pied de la petite butte.

Le maïs sert de support au haricot qui enrichit le sol en azote, tandis que la courge couvre le sol.

ZOOM SUR LES BOURDONS, PUISSANTS ET LABORIEUX

« Des champs », « des pierres », « terrestre », « des prés »… les bourdons visitant le jardin (bien fleuri) et ses alentours sont légion ! Il s'agit d'un pollinisateur très appréciable. En effet, enveloppé d'une épaisse fourrure, le bourdon est bien plus rustique que les abeilles : il est en activité dès avant la fin de l'hiver. Il butine dès le lever du jour et, en été, après une pluie d'orage, il est le premier insecte à voler au-dessus des fleurs. Puissants, pesants, les bourdons sont aussi dotés d'une longue langue qui leur permet de féconder des fleurs inaccessibles à d'autres pollinisateurs. C'est le cas des pois, des haricots et de nombreuses autres Fabacées. Ces insectes sont également précieux pour la fécondation des tomates, poivrons et des aubergines grâce à une technique de butinage très particulière : ils font vibrer leurs ailes à haute fréquence afin de libérer le pollen des fleurs.

« Saint Gervais quand il est beau,
Tire Saint Médard de l'eau » (19/06)

JUIN
[SEMAINE 25]

MÉMO CUEILLETTE SAUVAGE

Noix vertes : ....

Racines de réglisse : ....

Feuilles

❒ d'ail des vignes, chénopode : ....

❒ poireau des vignes : ....

Fleurs

❒ de sureau : ....

❒ d'acacia : ....

LUNDI 20 *St Silvère*		
MARDI 21 *Solstice d'été*	01 H 05 ▶	
MERCREDI 22 *St Alban*		
JEUDI 23 *Ste Audrey*	18 H 25 ▶	
VENDREDI 24 *St Jean-Bapt.*		
SAMEDI 25 *St Prosper*	NŒUD ▶ ASCENDANT 12 H 44 ▶	
DIMANCHE 26 *St Anthelme*		

RECETTE DE SAISON : LE VIN DE NOIX

Cette recette est toute simple, mais demande de récolter les noix vertes à un bon stade : assez grosses mais encore tendres : une aiguille doit pouvoir les traverser. Le 24 juin est souvent la période de récolte idéale.

Versez 24 noix vertes coupées en morceaux dans un grand pot, 1 kg de sucre en poudre, 7 l de vin rouge de bonne qualité et 1 l d'eau-de-vie de fruits. Laissez macérer au moins 3 mois avant de filtrer et d'embouteiller. Le vin de noix doit vieillir avant d'être dégusté. Les Anciens affirmaient qu'avant d'être bu, le vin de noix devait « avoir fait ses Pâques ».

ET POURQUOI PAS ? DES BAIES AUX 5 SAVEURS

La shisandre doit son surnom à sa magnifique fructification. Cette liane vigoureuse (elle peut étendre ses branches sur plus de 5 mètres) se couvre en fin d'été d'une multitude de baies rouges, grosses comme des groseilles. Crues, elles surprennent par leurs saveurs mêlées. Leur pulpe douce et sucrée tranche avec la légère aigreur de leur épiderme. Le noyau, amer, renferme des graines épicées. Ce n'est pas tout : la cinquième saveur provient de son feuillage qui est salé lorsqu'on le déguste cru. On peut aussi le cuisiner cuit à la façon des épinards. Attention si vous souhaitez le cultiver : la plupart des variétés sont dioïques, il faut donc vous procurer un pied mâle et un pied femelle pour obtenir des fruits.

CUEILLEZ LE MILLEPERTUIS ET AUTRES « HERBES DE LA SAINT JEAN »

C'est en effet traditionnellement ce matin-là, juste après la rosée, que l'on estime que les fleurs concentrent le plus de principes actifs et donc de propriétés médicinales. Attention ne cueillez que des plantes que vous connaissez parfaitement et ne les utilisez que pour soulager de petits maux.

QU'EST-CE QUE C'EST ? LA SAINT JEAN

Depuis la plus haute Antiquité, les Hommes célèbrent le Soleil et donc organisent des fêtes agraires liées au solstice d'été. Ils organisaient notamment des feux de joie… devenus « feux de la saint Jean » lorsque l'Église catholique décida de célébrer ce saint ce jour de solstice. Cette fête est décalée au 24 juin dans le calendrier actuel.

JUIN/JUIL.
[SEMAINE 26]

MÉMO POTAGER

Plantation

❒ céleri, chou-fleur et brocoli, chou pommé, poireau d'hiver, salades (laitue, chicorée…) : ....

Semis en pleine terre

❒ arroche, betterave, carotte, chou chinois, chou-rave, haricot, laitue, roquette, concombre, cornichon, courgette : ....

LUNDI 27 *St Fernand*

MARDI 28 *St Irénée*

14 H 52

MERCREDI 29 *Sts Pierre/ Paul*

APOGÉE

JEUDI 30 *St Thibault*

21 H 24

VENDREDI 1 *St Thierry*

SAMEDI 2 *St Martinien*

12 H 15

DIMANCHE 3 *St Thomas*

LA SAISON DE L'ÉTÉ
(fin juin à septembre)

De la floraison des althéas à celle des asters

Les journées sont chaudes et les soirées douces en été. Parfois bien trop et le jardinier doit parfois faire face à la canicule (les températures dépassant parfois les 40 °C) et à la sécheresse. Ajoutons que des orages peuvent survenir avec des pluies violentes créant un climat favorable au développement de champignons tels que l'oïdium, le mildiou.

Durant tout l'été, vous veillerez donc à l'entretien du jardin. Et à effectuer mille cueillettes. En été, le jardin est une corne d'abondance.

À REPÉRER :

En 2022, début de la floraison de l'**althéa** : ....

« Saint Pierre et Saint Paul pluvieux, Sont toujours dangereux »

ZOOM SUR LA BERCE COMMUNE

Cette plante sauvage, très commune, forme une forte touffe aux tiges creuses légèrement aromatiques. Ses fleurs, qui s'épanouissent de juin à août, attirent une grande diversité de butineurs. La plante est une « plante-banque » (en nourrissant les pucerons, elle attire tous les prédateurs de ces derniers) mais, surtout, une véritable auberge : la base de ses feuilles sert d'abri aux coccinelles, perce-oreilles et téléphores. Les feuilles, les fleurs et les fruits de la berce accueillent plusieurs chenilles tandis que ses tiges creuses offrent un abri hivernal à de nombreux auxiliaires.

Attention toutefois : coupée, la berce peut exsuder un suc qui provoque de légères brûlures cutanées sur la peau moite exposée au soleil. Il convient donc de bien se couvrir lors des débroussaillages lorsque cette plante est présente.

RECETTE DE SAISON : LE CONFIT DE ROSE

Choisissez des roses très parfumées et ramassez les pétales (500 g) la veille de la préparation. Versez-les dans un confiturier avec 500 g de sucre cristallisé, 20 cl d'eau. Faites cuire à feu le plus doux possible pendant 2 h. En fin de cuisson, ajoutez le jus d'un citron. Testez la « prise » de la confiture (sur une coupelle placée dans le freezer du réfrigérateur), puis versez immédiatement dans des bocaux.

JUILLET
[SEMAINE 27]

MÉMO JARDIN D'ORNEMENT

Taille

❒ des fleurs fanées : ....

Tuteurage

❒ des vivaces : ....

Récolte

❒ des graines de pavot, coquelicot et nigelle pour parfumer pains et pâtisseries : ....

LUNDI
04
Ste Berthe

MARDI
05
St Antoine M.
09 H 46 ▶

MERCREDI
06
Ste Marietta

JEUDI
07
St Raoul

VENDREDI
08
Ste Virginie
20 H 46 ▶

SAMEDI
9
Ste Amandine
NŒUD DESCENDANT ▶
▶

DIMANCHE
10
Ste Félicité
09 H 47 ▶

PARADES ANTI-CANICULE

Échauffement des échalotes, coup de soleil sur les tomates, flétrissement des salades… Les fortes chaleurs affectent les cultures. Voici quelques astuces pour protéger le potager :

- Arrosez tôt le matin ou en soirée, lorsque le soleil se couche. Et préférez toujours un apport d'eau copieux et ponctuel à une « trempette » quotidienne.
- Creusez au pied des légumes des cuvettes et des rigoles d'arrosage.
- Ombrez en improvisant des pare-soleil : cagettes retournées, draps tendus entre deux piquets…

MIAM, DES FLEURS À DÉGUSTER

Et si l'on pouvait se nourrir des plantes qui ornent les massifs ? Voici deux fleurs aussi belles que gourmandes :

L'hémérocalle

Tout est bon dans ce « lis d'un jour » (les fleurs ne s'épanouissent qu'une journée avant de flétrir). On peut au printemps consommer les jeunes pousses de l'hémérocalle, crues ou rapidement cuites dans de la soupe au miso. Les jeunes boutons floraux sont délicieux poêlés pour garnir des omelettes. Et on peut farcir les grandes fleurs avec du tofu, du fromage. Une variété se prête particulièrement bien à ce dernier usage : 'Buttercup parade'.

La mauve de Mauritanie

Voilà une plante spectaculaire ! Tant par sa taille (elle peut atteindre 2 m en terrain riche), et sa stature car elle est très ramifiée que par l'abondance de sa magnifique floraison violacée qui s'épanouit longuement, de juin jusqu'aux gelées. On admire cette fleur… et l'on oublie qu'elle a longtemps été cultivée pour son feuillage que l'on consommait autrefois à la façon des épinards.

❮ ***« À la Sainte Virginie, Les fraises sont finies »***

❮ ***« Pleine de félicité, la sainte-Félicité, Est la plus belle journée de l'été »***

JUILLET
[SEMAINE 28]

MÉMO CUEILLETTE SAUVAGE

Prunes sauvages : ....
Graines
❒ de fenouil : ....
❒ d'ortie : ....

Brin de salicorne : ....
Feuillage
❒ de serpolet : ....
❒ d'origan : ....

LUNDI 11 *St Benoît*

«Juillet, orage de nuit, Peu de mal, mais que de bruit !»

QU'EST-CE QUE C'EST ? L'ORAGE

La chaleur en été associée à de l'humidité crée en s'élevant et en se refroidissant d'énormes nuages à la forme d'enclume caractéristique : les cumulonimbus. Ils renferment des milliers de tonnes de gouttes d'eau, de cristaux de glace ou de grêlons. Le tout possédant des charges positives et négatives qui, lorsqu'elles sont trop déséquilibrées, provoquent des décharges électriques. L'orage éclate. Que l'on nomme joliment « tambour des limaces » dans le Languedoc.

MARDI 12 *St Gualbert* — 05H45

« Quand reviendra la Saint Henri, tu planteras ton céleri » (13/7)

MERCREDI 13 *St Henri* — PÉRIGÉE

DERNIER DÉLAI POUR L'ÉCLAIRCISSAGE

Les pommes et les poires poussent par groupe de plusieurs fruits. Certains s'atrophient et tombent d'eux-mêmes, permettant aux autres de mieux se développer. Cet éclaircissage naturel s'étale de juin à mi-juillet. Pour obtenir des fruits plus gros, supprimez donc les fruits les plus menus du bouquet de pommes ou de poires.

JEUDI 14 *Ste Camille, Fête nationale* — 08H40

RECETTE DE SAISON : VENGEZ-VOUS DES CORNICHONS DODUS !

Les cornichons sont sournois ! De petits fruits quasi inexistants au moment de la cueillette se trouvent le lendemain, transformés en concombres ! Traitez-les donc comme ces derniers : en conserve scandinave. Avec une fourchette, piquez les cornichons trop dodus et glissez-les dans des bocaux avec de l'ail émincé et un beau bouquet d'aneth. Faites bouillir de l'eau (45 cl), du vinaigre de vin blanc (25 cl) et des grains de poivre (une douzaine) et versez le tout dans des bocaux. Ceux-ci peuvent se consommer 2 à 3 semaines plus tard et se conservent au moins un an.

VENDREDI 15 *St Donald*

SAMEDI 16 *Ste Carmen* — 03H45

DIMANCHE 17 *Ste Charlotte*

JUILLET
[SEMAINE 29]

LUNDI
18
St Frédéric

09 H 07

POURQUOI PAS ? UNE VIVACE BELLE ET AROMATIQUE

Les fleurs de la monarde écarlate (*Monarda didyma*) éclairent les massifs de leur coloris rouge vif durant toute la belle saison. Ce n'est pas tout : cette floraison comme son feuillage développent des arômes de menthe et de bergamote mêlés. On les emploie sèches en infusion (que l'on appelle parfois « thé rouge » ou « thé de Pensylvanie ») mais aussi fraîches, ciselées pour aromatiser les crudités et salades, ainsi que la charcuterie, les viandes pendant la cuisson, les légumes à la vapeur.

MARDI
19
St Arsène

CRÉEZ UNE OASIS POUR LES PAPILLONS

Pour attirer les papillons, il est important d'avoir un jardin (non traité avec des pesticides bien sûr) rempli de fleurs variées à butiner et de plantes hôtes pour les chenilles. Mais pas seulement. Les papillons, pour prospérer pleinement, réclament aussi un solarium, une tour de guet, une buvette…

- Réservez aux papillons les emplacements ensoleillés du jardin (orientés au sud, sud-est), ceux qui sont abrités du vent et des courants d'air. Installez-y des plantes et des arbustes nectarifères et, mieux encore, bordez l'endroit d'une haie champêtre et vous serez assuré de créer un camp de vacances particulièrement attractif pour les butineurs ailés.
- On le sait rarement, mais le papillon est un insecte territorial. Il a besoin d'un point élevé pour surveiller sa zone d'habitation. Laissez donc dans la haie une branche dépasser les autres ramures, des vivaces hautes s'ériger par-ci par-là dans les massifs. Ce poste de vigie et le solarium décrit plus haut sont nécessaires pour assurer les pariades (la formation des couples) des papillons.
- Comme tous les animaux, les lépidoptères ont besoin de se désaltérer. Un bassin, une cuvette ou une toute petite flaque suffit largement pour les abreuver. À défaut les papillons peuvent se contenter d'une soucoupe remplie d'eau. Veillez simplement à ce que ces points d'abreuvement soient peu profonds ou à ce qu'un radeau improvisé (un fagot de bâtonnets) y flotte afin d'éviter les noyades.

MERCREDI
20
Ste Marina

23 H 57

JEUDI
21
St Victor

VENDREDI
22
Ste Marie-Mad.

NŒUD ASCENDANT

18 H 50

SAMEDI
23
Ste Brigitte

DIMANCHE
24
Ste Christine

JUILLET
[SEMAINE 30]

LUNDI
25
St Jacques

20H53

MARDI
26
Ste Anne

APOGÉE

MERCREDI
27
Sept Dormants

JEUDI
28
St Samson

03H23

VENDREDI
29
Ste Marthe

18H05

SAMEDI
30
Ste Juliette

DIMANCHE
31
St Ignace de L.

QU'EST-CE QUE C'EST ? LES SEPT DORMANTS

Une légende raconte qu'au IIIe siècle, 7 jeunes chrétiens d'Éphèse pourchassés se réfugièrent dans une caverne où ils s'endormirent. Ils se réveillèrent 200 ans plus tard, se nourrirent puis retournèrent à un sommeil éternel. Le Coran possède sa propre version dans laquelle les dormants deviennent les « gens de la caverne ». Depuis 1954, un pèlerinage islamo-chrétien est organisé dans la commune de Vieux-Marché en Bretagne à la chapelle des Sept-Saints.

« Pour leur fête souvent, les Sept Dormants redressent le temps » (27/07)

« Si le jour de Saint-Samson, le pinson boit au buisson, L'amour peut chanter sa chanson, Le vin sera bon. » (28/07)

FAITES DES FUSEAUX DE LAVANDE

La lavande est incroyablement généreuse. Elle offre une profusion de fleurs qui, très mellifères, sont visitées par une foule de butineurs. Une fois la floraison terminée, il est nécessaire de tailler la lavande pour lui conserver un port compact. Profitez-en pour glisser les brins parfumés dans de petits sachets. Ou bien confectionnez des fuseaux de lavande :

- Rassemblez 30 à 40 brins de lavandes et liez-les, juste sous les fleurs, avec un ruban de 2 m.
- Rabattez les tiges sur les fleurs (comme une cage qui les enfermerait).
- Passez le ruban SOUS 2 tiges puis SUR les 2 tiges suivantes. Tressez en serrant bien, puis terminez le fuseau par un joli nœud.

POURQUOI PAS ? L'AGASTACHE ANISÉE

Les feuilles de cette fleur vivace développent un parfum qui ressemble tant à celui du fenouil, qu'elles le remplacent parfaitement en cuisine. Ses feuilles, cuites ou crues, sont d'ailleurs très appréciées en Amérique du Nord comme en Asie.

Cette fleur a bien des atouts : très rustique et appréciant les terrains frais et profonds, elle se cultive aussi bien dans les massifs que dans les potagers. Elle orne tous les lieux avec ses jolies fleurs en épis bleu-mauve. Sa floraison, très mellifère, est de longue durée : de juin à septembre.

AOÛT
[SEMAINE 31]

MÉMO POTAGER

Plantation
- ❒ chou-fleur, chou pommé : ....
- ❒ fraisier : ....
- ❒ salades (laitue, chicorée...) : ....

Semis en pleine terre
- ❒ chou chinois, chou-rave : ....
- ❒ épinard, fenouil : ....
- ❒ mâche, navet, radis noir : ....

LUNDI
1
St Alphonse

15 H 32

À REPÉRER : CUEILLEZ LES BAIES DE SUREAU NOIR

Notamment pour confectionner de la confiture. Pour cela, égrappez les baies noires à l'aide d'une fourchette. Faites-les cuire avec leur poids en sucre. Ajoutez une noisette de beurre pendant la cuisson. Lorsque la prise de la confiture est assurée, versez-la bouillante dans des bocaux que vous fermerez immédiatement.

MARDI
2
St Julien

En 2022, la première cueillette du **sureau** : ....

RÉCOLTEZ LES OIGNONS

Quand est-ce que ces bulbes sont prêts à être récoltés ? Facile : quand leur feuillage plie et jaunit. Regardez : souvent les oignons semblent sortir d'eux-même du sol, s'auto-récolter !

MERCREDI
3
Ste Lydie

Par temps sec, arrachez les oignons et laissez-les sécher dans des cagettes ou en bouquets sous l'abri d'un auvent. Vous les stockerez ensuite dans la maison, dans un endroit sec et aéré, à l'obscurité.

QUAND LE SOLEIL FRAPPE...

JEUDI
4
St J.-M. Vianney

Si le coup de soleil n'est pas trop important, nettoyez la peau rougie avec du vinaigre de cidre dilué dans de l'eau puis massez avec quelques gouttes d'huile essentielle de lavande aspic. Un autre remède consiste à tamponner les zones atteintes avec un coton imbibé d'hydrolat de rose de Damas puis à les couvrir de gel d'aloe vera. Bien sûr, si les brûlures sont importantes et/ou étendues, consultez un pharmacien ou un médecin.

VENDREDI
5
St Abel

03 H 48

NŒUD DESCENDANT

« À la saint Abel,
Faites vos confitures de mirabelle »

SAMEDI
6
St Octavien

17 H 54

DIMANCHE
7
St Gaétan

AOÛT
[SEMAINE 32]

MÉMO JARDIN D'ORNEMENT

Division
❒ des touffes d'iris : ....
Récolte et taille
❒ de la lavande : ....

Boutures semi-aoûtées
❒ spirées : ....
❒ weigelia : ....
❒ buddléia : ....

LUNDI 8 — *St Dominique*
15 H 14

« À la Saint-Dominique, ne te plains pas si le soleil pique »

MARDI 9 — *St Amour*

ZOOM SUR LES ABEILLES… LOCALES

Le saviez-vous ? Il existe à travers le monde plusieurs sous-espèces d'abeille domestique, chacune s'étant adaptée à son environnement : au climat, à la flore, aux modes d'élevage pratiqué. En Europe, on recense ainsi l'abeille italienne, l'abeille caucasienne, l'abeille carniolienne. Et l'abeille noire qui est celle qui est la plus commune en France. Elle a, au fil du temps, été croisée avec des espèces d'importation, plus productives, plus douces. Tant, qu'elle aurait tendance à se raréfier par endroits. Toutefois, les apiculteurs s'intéressent de nouveau à l'abeille noire, et notamment à ses « écotypes », des races qui se sont plus particulièrement adaptées aux caractéristiques environnementales de différentes régions françaises. On recense ainsi l'abeille noire des Cévennes, de Provence, des Landes, du Loiret, de Savoie, de Normandie… Divers conservatoires se mettent en place pour sauvegarder ces abeilles.

MERCREDI 10 — *St Laurent*
PÉRIGÉE
19 H 11

« Saint Laurent partage l'été par le mitant »

JEUDI 11 — *Ste Claire*

« À la sainte Claire, s'il éclaire et qu'il tonne, c'est l'annonce d'un bel automne »

VENDREDI 12 — *Ste Clarisse*
14 H 19

RECETTE DE SAISON : ET SI L'ON TENTAIT AUTRE CHOSE QUE LA RATATOUILLE ?

En dehors des ratatouilles et des poêlées que faire des aubergines ? Une caponata ! Cette recette sicilienne aigre-douce se sert chaude ou froide, à l'apéritif, en entrée, pour accompagner du riz, des pâtes… Dans de l'huile chaude (3 cuillères à soupe, pas plus !), faites revenir 4 aubergines coupées en dés de 2 cm. Réservez et faites fondre 3 oignons coupés en rondelles. Ajoutez les aubergines, 3 tiges de céleri (ciselées et préalablement blanchies), 100 g d'olives vertes et noires en copeaux. Puis 2 cuillères à soupe de câpres, 2 de raisins secs et 4 tomates pelées en dés. Laissez mijoter 10 minutes à feu doux avant d'ajouter du sucre (1 cuillère à soupe) délayé dans du vinaigre (5 cl). Quelques minutes plus tard, servez la caponata avec des pignons grillés.

SAMEDI 13 — *Ste Radegonde*

DIMANCHE 14 — *St Évrard*
18 H 44

AOÛT
[SEMAINE 33]

MÉMO CUEILLETTE SAUVAGE

Baies

❒ de sureau, prunes sauvages : ....

❒ mûres, myrtilles, noisettes : ....

Graines de fenouil, d'ortie : ....

Brin de salicorne : ....

Feuillage

❒ de serpolet : ....

❒ d'origan… : ....

LUNDI 15
Ste Marie-Madeleine
ASSOMPTION

MARDI 16
St Armel

MERCREDI 17
St Hyacinthe
06 H 50 ▶

JEUDI 18
Ste Hélène
NŒUD ASCENDANT ▶
▶

VENDREDI 19
St Jean-Eudes
02 H 04 ▶
03 H 15 ▶
04 H 31 ▶

SAMEDI 20
St Bernard

DIMANCHE 21
St Christophe

« Le 15 août le coucou perd son chant,
C'est la caille qui le reprend »

AÏE : CETTE PLANTE M'A BRÛLÉ !

Des marques brûlantes apparaissent sur votre peau après avoir passé la débroussailleuse ou tout simplement après une balade au milieu des herbes folles ? Il s'agit de la dermite des prés. Elle est provoquée par le contact de la peau humide avec le suc de plantes de la familles des Apiacées : berce, panais des prés, carottes sauvages. Pour soulager la sensation de brûlure, désinfectez les lésions avec du chlorure de magnésium et appliquez-y du gel d'aloe vera.

MARCOTTEZ LES FRAISIERS

Le fraisier est très facile à multiplier. Chaque pied produit en effet des « stolons », longues tiges grêles qui courent sur le sol et s'enracinent au niveau des nœuds.

Choisissez quelques stolons sur lesquels vous voyez apparaître des radicelles blanches. Soulevez cette tige et fixez cette partie prête à s'enraciner dans un godet rempli de terre, grâce à des clous chevaliers (de petits arceaux en fer).

Quelques semaines plus tard, séparez le godet du pied-mère. Vous mettrez en place ce nouveau fraisier au printemps prochain.

POURQUOI PAS ? LA PÉRILLE DE NANKIN

Cette plante annuelle forme très vite un large buisson qui peut atteindre 1 m de hauteur, garni de nombreuses feuilles parfois teintées de pourpre qui peuvent faire penser à celles de l'ortie. En fin d'été, sa floraison en épis attire une multitude de butineurs. Toute la plante est odorante. Son parfum est… inclassable. Cumin, mélisse, menthe, anis… chacun a sa perception de la périlla. Je lui trouve une saveur musquée, minérale. Cette annuelle originaire d'Asie, souvent appelée shiso, y est utilisée pour ses propriétés médicinales, mais aussi comme colorant alimentaire, comme aromatique et comme légume. On déguste ces feuilles avec des fruits de mer et des coquillages, avec des champignons, dans les taboulés et les salades, en beignets, dans les sushis, etc.

AOÛT
[SEMAINE 34]

LUNDI
22
St Symphorien

03H29
APOGÉE

FAIRE SES GRAINES DE TOMATES, C'EST FACILE ! (1/2)

Choisissez des fruits bien mûrs (le plus possible). Coupez-les en deux et versez leur pulpe dans un verre (mettez une étiquette indiquant le nom de la variété sur ce dernier). Dès qu'une moisissure apparaît, lavez les graines dans une passoire sous l'eau du robinet. Disposez les graines sur du papier absorbant. Dès qu'elles sont bien sèches, glissez-les dans une enveloppe.

MARDI
23
Ste Rose de L.

GUETTEZ LES MAÏS DOUX

La cueillette des maïs demande une attention toute particulière : le bon stade de la récolte est crucial ! Les épis doivent être suffisamment formés pour que les grains soient remplis… mais pas trop mûrs, encore juteux. Pour cela, vérifiez que les enveloppes de l'épi restent vertes à l'intérieur et que les grains, bien dodus, se marquent sous la pression de l'ongle.

MERCREDI
24
St Barthélémy

09H55

Cueillez sans attendre et faites-en rapidement des conserves (le maïs doux ne se garde pas plus de 2 jours au frais) : faites-le cuire à l'eau, 20 minutes, pour l'égrainer et glissez le maïs en bocaux à stériliser ou en sachets à congeler.

JEUDI
25
St Louis

« Beau temps pour la Saint Louis, plusieurs jours sans pluie »

VENDREDI
26
Ste Natacha

00H31

QUAND LES NOISETTES MÛRISSENT…

… il faut souvent prendre les écureuils de vitesse ! On peut déguster ces fruits à coque encore verts : leur amande laiteuse est délicieuse. Mais il faut alors les consommer rapidement, car elles ne se conservent pas. Pour les garder tout l'hiver dans leur coque, récoltez-les bien mûres. C'est-à-dire lorsque les noisettes se détachent d'elles-mêmes de leurs involucres (les collerettes qui les enveloppent) même si celles-ci sont encore vertes.

SAMEDI
27
St Césaire

En 2022, le première cueillette des **noisettes** : ....

« À la saint Césaire, La dernière forte chaleur en l'air »

DIMANCHE
28
St Augustin

21H26

AOÛT/SEPT.
[SEMAINE 35]

MÉMO POTAGER

Plantation
- ❐ chou kale : ....
- ❐ fraisier : ....
- ❐ salades (laitue, chicorée…) : ....

Semis en pleine terre
- ❐ cerfeuil, chou pommé de printemps, épinard, mâche : ....
- ❐ navet, radis noir, petits radis : ....

LUNDI 29 *Ste Sabine*

MARDI 30 *St Fiacre*

MERCREDI 31 *St Aristide*

JEUDI 1 *St Gilles* — 09H26 — NŒUD DESCENDANT

VENDREDI 2 *Ste Ingrid*

SAMEDI 3 *St Grégoire* — 00H00

DIMANCHE 4 *Ste Rosalie* — 22H28

« Pluie à la Sainte Sabine est une grâce divine »

« À la Saint Fiacre soleil ardent, pour 8 jours encore du beau temps » (30/8)

LA SAISON DE L'ARRIÈRE-SAISON
(septembre aux premières gelées)

De la floraison des asters à la chute des feuilles

Le mois de septembre est une corne d'abondance. En cette fin d'été, les récoltes se font à profusion. La chaleur est toujours présente mais adoucie. L'humidité augmente avec la reprise de pluies, de brouillard. C'est donc une période idéale pour les plantations des arbustes et des vivaces. En octobre les jours sont plus courts, les nuits plus fraîches. À la fin de ce mois, les feuilles se colorent et l'automne s'annonce qui ne débutera véritablement qu'à leur chute et à l'arrivée des premières gelées.

À REPÉRER :

En 2022, début de la floraison des **asters :** ....

ZOOM SUR LE DACTYLE AGGLOMÉRÉ

Modeste, cette herbe ne manque toutefois pas de charme avec ses épis légers portés par de hautes tiges, ondoyant à la moindre brise. Le jardinier n'ira pas jusqu'à l'installer dans le potager ou dans les massifs de fleurs mais il peut la laisser s'épanouir le long de la haie, à côté des bacs de compost, etc.

Tout l'été, les hautes feuilles du dactyle (et de nombreuses autres « herbes » de la famille des Poacées (les anciennes graminées) ont accueilli des coccinelles, les pointes de sauterelles, de criquets, les cocons des araignées. Mais cette plante est un formidable refuge hivernal pour les auxiliaires. Les souches âgées possèdent en effet une base feutrée sous laquelle hivernent les staphylins, carabes, perce-oreilles…

MÉMO VERGER

Plantation

❒ des arbustes en conteneurs : ....

Retrait

❒ des feuilles de la vigne pour une meilleure exposition des grappes : ....

LUNDI 5 Ste Raïssa

MARDI 6 St Bertrand

MERCREDI 7 Ste Reine — 04 H 02 — PÉRIGÉE

JEUDI 8 St Adrien

VENDREDI 9 St Alain — 00 H 11

SAMEDI 10 Ste Inès

DIMANCHE 11 St Hyacinthe — 04 H 54

PAS DE PANIQUE ! LES FEUILLES DES COURGETTES DEVIENNENT BLANCHES

Des taches blanches poudreuses couvrent les feuilles de vos concombres, potimarrons et autres Cucurbitacées ? Il s'agit de l'oïdium, encore appelé « blanc ». Le traitement naturel de ce champignon consiste à poudrer les plantes avec du soufre. Il s'agit d'un produit naturel dont les vapeurs agissent en stimulant les défenses naturelles des feuilles.

Mais souvent il est inutile d'intervenir contre l'oïdium. Il s'agit en effet d'une « maladie de vieillesse » qui n'attaque que les feuilles les plus âgées. Elle ne gêne en rien le développement des plantes ni leur production.

RÉCOLTER LES POTIMARRONS ?

Même si elles semblent bien colorées, patientez avant de cueillir les courges. Attendez le plus longtemps possible, jusqu'à l'arrivée du froid, que leur feuillage fane et que leur pédoncule soit le plus sec possible. Les fruits se conserveront alors bien mieux (de nombreuses courges se gardent un an et plus) et seront de meilleure qualité gustative.

ZOOM SUR LES ABEILLES SAUVAGES !

Hallictes, collètes, mélittes, osmies, andrènes… il existe 831 espèces d'abeilles solitaires en France. Et la quasi totalité d'entre elles sont solitaires. Elles ne forment pas de colonies et ne produisent pas de miel. Ce sont d'excellentes pollinisatrices, assurant à 84 % la fécondation de nos plantes cultivées. Supportant souvent des températures assez basses, une faible luminosité et un temps pluvieux, ces abeilles butinent sans cesse. Ce faisant, elles perdent 90% du pollen récolté, une aubaine pour les fleurs recueillant cette semence dispersée. Les espèces d'abeilles solitaires sont aussi nombreuses que les fleurs qu'elles butinent et, ce, tout au long de l'année. Autre atout : comme elles n'ont pas à défendre de colonie et de stock de miel, ces insectes ne sont pas agressifs, d'ailleurs la plupart d'entre eux sont dépourvus de dard. Comment favoriser la présence de ces abeilles dans le jardin ? En leur fournissant une grande diversité de fleurs bien sûr mais aussi en leur réservant des sites de nidifications : tas de sable désherbé, zone de terre nue. Et en installant des nichoirs (bloc de bois percé, botte de tiges creuses…) sous un auvent ou dans l'encadrement d'une fenêtre

« À la Saint Hyacinthe,
On peut semer sans crainte »

SEPTEMBRE
[SEMAINE 37]

MÉMO JARDIN D'ORNEMENT

Semis en pleine terre

- ❐ alysson blanc : ....
- ❐ onagre : ....
- ❐ graminées décoratives… : ....

Taille des arbustes à feuillage persistant
Semis de gazon
Plantation des vivaces et des arbustes

LUNDI 12 *St Apollinaire*

*« Septembre se nomme,
Le mai de l'automne »*

QUAND RÉCOLTER LES POMMES DE TERRE ?

Lorsqu'elles sont à parfaite maturité c'est-à-dire lorsque leur feuillage est entièrement fané, flétri. Ce stade arrive, selon les variétés, de 90 à 130 jours après la plantation. Ce n'est qu'ainsi que les pommes de terre pourront se conserver durant plusieurs mois.

MARDI 13 *St Aimé* — 15 H 17

Arrachez les tubercules et laissez-les ressuyer sur le sol quelques heures avant de les entreposer dans un local sombre et tempéré afin qu'ils finissent de sécher.

Stockez-les dans la cave, le cellier ou une autre pièce fraîche (5-8 °C), à l'abri de la lumière. Il faudra régulièrement vérifier l'état sanitaire de la récolte afin d'éliminer les tubercules malades. Vous devrez aussi les dégermer régulièrement.

MERCREDI 14 *Ste Croix* — NŒUD ASCENDANT

FAIRE SES GRAINES DE TOMATES, C'EST FACILE ! (2/2)

Et si vous tentiez une méthode qui reproduit le phénomène naturel : la caissette de tomates… pourries !

- Remplissez d'un bon terreau fin des caissettes en plastique trouées (style barquettes de fraises).
- Déposez dessus des tomates très très mûres coupées en deux. Laissez-les dehors jusqu'aux gelées. Vous les protégerez sous châssis et/ou sous un voile d'hivernage.
- En mai prochain, repiquez chaque plant avant de les mettre en terre lorsque les gelées ne seront plus à craindre.

JEUDI 15 *St Roland* — 12 H 58

VENDREDI 16 *Ste Édith*

SAMEDI 17 *St Lambert*

*« Pluie à la Saint-Lambert,
Amène huit jours amers »*

DIMANCHE 18 *Ste Nadège* — 11 H 00

SEPTEMBRE
[SEMAINE 38]

MÉMO CUEILLETTE SAUVAGE

- ❒ Arbouses, baies de sureau noir, genévrier : ....
- ❒ mûres, sorbes : ....
- ❒ noisettes, noix, pignons de pin : ....

Graines
- ❒ de fenouil, d'ortie : ....

Brins
- ❒ de salicorne : ....

LUNDI 19 — *Ste Émilie* — APOGÉE

RÉCUPÉREZ L'EAU DE PLUIE

Mettez à profit le mois de septembre pour installer un système de récupération d'eau de pluie. Installez un collecteur sur la gouttière, puis reliez-le à un réservoir. Pensez à surélever ce dernier pour pouvoir glisser un arrosoir sous le robinet de sortie. Si vous habitez une région où il gèle, attendez le printemps pour remplir le réservoir. Toiture de la maison, du garage ou du cabanon de jardin, tout fera l'affaire.

MARDI 20 — *St Davy* — 17 H 19

LAISSEZ SE RESSEMER LES VAGABONDES

Durant toute la belle saison, vous avez guetté et coupé la moindre fleur fanée pour maintenir et favoriser les floraisons. En fin d'été, laissez donc quelques graines se former sur les annuelles vagabondes que sont les cosmos, le souci… mais aussi l'arroche, la laitue, l'aneth…

MERCREDI 21 — *St Matthieu*

« Quand vient Saint Matthieu,
L'été, adieu »

POURQUOI PAS ? LE POIVRIER DU SICHUAN

Magnifique ! Cet arbuste pouvant atteindre 2 m de largeur (et autant voire le double de largeur) offre une vaporeuse floraison printanière qui ressemble fortement à celle du frêne. On en oublierait presque les épines qui parsèment les tiges de ce poivrier. Il ne donne pas les grains de poivre que l'on trouve commercialisés mais des graines noires cachées dans des enveloppes joliment colorées de rose. Ce sont elles que l'on utilise. Elles développent des saveurs boisées, citronnées, poivrées mais sans brûlant.

JEUDI 22 — *St Maurice* — 07 H 58

VENDREDI 23 — *St Constantin* — *ÉQUINOXE*

SAMEDI 24 — *St Thècle*

DIMANCHE 25 — *St Hermann* — 04 H 36

SEPT./OCT.
[SEMAINE 39]

Plantation (en place ou sous abri) :
- ❒ ail, chou kale, chou-fleur de printemps : ...
- ❒ échalote grise : ....
- ❒ chicorée rouge italienne, chicorée 'Pain de sucre' : ....

Semis en pleine terre
- ❒ fèves : ....
- ❒ pois : ....

LUNDI 26 — *St Côme*

MARDI 27 — *St Vinc. de Paul*

MERCREDI 28 — *St Venceslas* — 15H21

JEUDI 29 — *St Michel* — NŒUD DESCENDANT

VENDREDI 30 — *St Jérôme* — 05H29

SAMEDI 1 — *Ste Th. de l'E.-J.*

DIMANCHE 2 — *St Léger* — 04H00

POURQUOI PAS ? DE LA NIGELLE AROMATIQUE

Cette annuelle se sème aussi bien en septembre-octobre qu'au printemps, en avril-mai. Elle séduit par son feuillage aérien et par ses fleurs légères, d'un superbe bleu et qui laissent la place à un fruit graphique : une capsule verte teintée de pourpre. Elle se distingue de la nigelle de Damas par la saveur aromatique de ses graines. Celles-ci entrent dans la composition du mélange « 4 épices ». Elles sont couramment utilisées dans la cuisine asiatique.

INSTALLEZ UNE HAIE : LES CLEFS DE LA RÉUSSITE

- Choisissez des arbustes très jeunes : des « scions » d'un an. Leur reprise sera plus rapide que celle de plants plus âgés.
- Plantez... en septembre-octobre (et non après la fameuse Sainte Catherine p. 92). Dans le sol encore chaud et humide, les racines ont le temps de s'implanter avant l'arrivée des grands froids.
- Tenez compte de l'espace, du volume et de la hauteur de la future haie en notant bien la taille et l'envergure qu'auront les arbustes choisis à l'âge adulte. Si la haie dépasse 2 m, la loi vous oblige à laisser un espace d'autant entre la ligne de plantation et la limite de la parcelle de vos voisins. Tenez également compte de l'épaisseur de la haie qui empiète sur le terrain et de l'ombre qu'elle peut générer.

« À la Saint Michel, la chaleur remonte au ciel »

CONFECTIONNEZ UN DORTOIR HIVERNAL POUR LES CHRYSOPES

- L'hivernage est certainement la période la plus délicate pour les chrysopes (p. 57). Beaucoup se réfugient dans les maisons, les caves, les garages. Or résister à la sécheresse du chauffage épuise vite leurs réserves. Vous pouvez leur confectionner des abris assez simplement. Recyclez des bidons de 5 l en plastique et remplissez-les de cette paille de bois qui sert à l'emballage des produits fragiles. Placez-les dans un arbre en automne. Placez-le dans un endroit abrité durant l'hiver pour le ressortir au printemps.

OCTOBRE
[SEMAINE 40]

MÉMO VERGER

Ramassage et destruction

❒ des fruits malades sur les arbres et sur le sol : ....

Récolte

❒ des coings, des pommes, des poires, des châtaignes, du raisin : ....

Plantation d'arbustes

LUNDI 3 *St Gérard*

« Brouillard d'automne, beau temps nous donne »

QU'EST-CE QUE C'EST ? LE BROUILLARD

Fréquemment en automne, lorsqu'en fin de nuit le sol s'est refroidi, la vapeur d'eau de l'air se condense. Il se forme alors, très bas, à la surface de la terre, un nuage de très fines gouttelettes en suspension. Si l'on voit à plus de 1 km on nomme « brume » ces fins lambeaux. Si la visibilité est plus faible encore, il s'agit du brouillard. Il peut se dissiper lors des belles journées ou devenir givrant lorsque les températures sont négatives.

MARDI 4 *St Fr. d'Assise*

10 H 34 ▶

PÉRIGÉE ▶

« À la saint François, Vient le premier froid » (4/10)

MERCREDI 5 *Ste Fleur*

QUAND CUEILLIR LES COINGS ?

Lorsqu'ils sont parfaitement mûrs, bien colorés et odorants. Vous vous assurerez de ce stade simplement : passez le doigt sur ces fruits. Le duvet qui les recouvre s'enlève alors très facilement. Récoltez les coings et entreposez-les au frais, dans le cellier. Glissez-en quelques-uns dans un compotier ; ils parfumeront toute la maison.

JEUDI 6 *St Bruno*

08 H 00 ▶

FAITES VOS CÂPRES... DE CAPUCINE !

Durant tout l'automne, on peut en effet cueillir les petits fruits bosselés et vert tendre de cette fleur.

Versez-les dans une jatte remplie de saumure : eau salée [(/g/l) bouillie et refroidie], laissez macérer 24 h, égouttez-les avant de les glisser dans des bocaux et de les couvrir de vinaigre. Un mois plus tard, les « câpres » sont prêtes à être dégustées.

VENDREDI 7 *St Serge*

SAMEDI 8 *Ste Pélagie*

14 H 00 ▶

DIMANCHE 9 *St Denis*

❮ *« Regarde bien auparavant et après la saint Denis les jours :*
Car si tu vois qu'il gèle blanc,
Les vieux assurent que toujours
Le semblable temps tu revois
Pendant un, deux ou trois mois »

OCTOBRE
[SEMAINE 41]

MÉMO JARDIN D'ORNEMENT

Installation

❐ des fleurs vivaces et des arbustes : ....

Plantation des bulbes à floraison printanière :

❐ tulipes, narcisses, crocus, muscaris… : ....

Création de jardinières à base de bisannuelles :

❐ pensées : ....

❐ myosotis, giroflées… : ....

LUNDI
10
St Ghislain

POURQUOI PAS ? UN ARBOUSIER

Que d'atout à cet arbuste ! Il se fait remarquer sur le littoral de la Manche ou de la mer du Nord, dans les massifs alpins ou dans les zones méditerranéennes où il pousse spontanément par son joli port et par la multitude de petites baies orange qui l'ornent. Il est rustique et résistant à la chaleur. C'est un arbuste « réparateur » : ses racines s'étendent et retiennent les sols érodés qu'elles enrichissent en azote. Ses fruits, très riches en antioxydants, sont excellents pour la santé et, cuits, ils apportent une touche acidulée sympathique aux plats sucrés comme salés.

L'arbousier fleurit d'octobre à janvier. Les grappes de fleurs blanches en clochettes offrent du nectar en abondance. Une aubaine pour les abeilles à une période où il se fait rare et où elles en ont besoin au démarrage de leur couvain. À noter : le pollen de l'arbousier est une des premières sources de nourriture pour la génération d'automne du bourdon terrestre.

MARDI
11
St Firmin

00 H 23 ▶

NŒUD ASCENDANT ▶

MERCREDI
12
St Wilfried

« Pour Saint-Géraud,
les châtaignes font le chaud » (13/10)

22 H 02 ▶

LES POIRES : À CUEILLIR OU PAS ?

Le saviez-vous : les poires se récoltent encore dures et vertes, mais à un stade particulier. Comment déterminer celui-ci ? Coupez une poire en deux : les pépins doivent être bien bruns.

Une fois cueillies, il faut conserver les poires au frais (dans un réfrigérateur dédié dans l'idéal) pour les mettre en sommeil. Puis les laisser mûrir (s'affiner) quelques jours, dans un compotier.

JEUDI
13
St Géraud

VENDREDI
14
St Juste

SAMEDI
15
Ste Thér. d'Avila

« Souvent Sainte Thérèse nous apporte un petit été,
Mais surtout, jardinier, ne va pas te déshabiller »

19 H 11 ▶

DIMANCHE
16
St Edwige

OCTOBRE
[SEMAINE 42]

MÉMO CUEILLETTE SAUVAGE

Cônes
- ❒ de houblon : ....
Baies
- ❒ d'arbousier, d'argousier : ....
- ❒ d'églantier, de sorbier : ....
- ❒ de genévrier : ....
- ❒ prunellier : ....
- ❒ pignons de pin : ....

LUNDI 17 – *St Baudoin* – APOGÉE

MARDI 18 – *St Luc* – 01 H 21

MERCREDI 19 – *St René* – 16 H 13

JEUDI 20 – *Ste Adeline*

VENDREDI 21 – *Ste Ursule*

SAMEDI 22 – *Ste Salomé* – 13 H 16

DIMANCHE 23 – *St Jean de Cap.*

CUEILLEZ LES « GRATTE-CUL »

Dès la fin de l'été, les tiges arquées des églantiers se parent de baies orange. Faites-en de la confiture !

Pour cela, ouvrez chaque baie et, à l'aide d'un couteau, retirez les pépins et surtout les poils qui encombrent le centre des cynorhodons crus. Ou encore, tamisez la pulpe cuite. Versez cette dernière avec du sucre (750 g par kg de fruits) et un jus de citron. Laissez cuire à feu doux jusqu'à la « prise » de la confiture, puis versez en bocaux.

RECETTE DE SAISON : QUE FAIRE DES TOMATES VERTES ?

Au moment de faire le ménage dans le potager, que faire de tous ces fruits verts accrochés aux branches défoliées des tomates ? Les manger bien sûr ! Les tomates vertes ne sont pas toxiques… cuites. Elles sont d'ailleurs immangeables crues, tant elles sont amères. Métamorphosez ces fruits en confitures, mais pas seulement ! Épépinées et coupées en dés, elles fondent dans un peu de beurre, puis sont saupoudrées de cassonade et caramélisées. Cette préparation qui peut être parfumée avec des épices (cardamome, gingembre…), un trait de kirsch ou de cointreau, des herbes… accompagne des entremets, se verse sur des pâtes sablées, se glisse dans des aumônières de crêpe, entre des feuilles de brick…

*« Souvent au jour de Sainte Ursule,
Le froid d'un pas recule »*

OCTOBRE
[SEMAINE 43]

LUNDI 24 *St Florentin*

MARDI 25 *St Crépin*

23 H 09

MERCREDI 26 *St Dimitri*

NŒUD DESCENDANT

JEUDI 27 *Ste Émeline*

12 H 23

VENDREDI 28 *Sts Simon/Jude*

SAMEDI 29 *St Narcisse*

09 H 50

PÉRIGÉE

DIMANCHE 30 *Ste Bienvenue*

«Souvent à la Saint Florentin,
L'hiver lisse le chemin»

LES COURGES, CHAMPIONNES DE LA CONSERVATION...

Ces fruits peuvent en effet souvent se conserver un an et plus... à condition de les avoir récolté absolument mûrs et de les conserver dans un endroit adéquat. Pas du tout au frais dans la cave comme on le fait avec la plupart des légumes d'hiver mais dans un lieu tempéré et sec. Dans le grenier ou dans une autre pièce de la maison.

RECETTE DE SAISON : COURGES SURPRISES !

Et si cette année, vous tentiez deux recettes de courges, sucrées et insolites. Toutes deux sont à base d'une purée de potimarron.

- Dans les gaufres picardes «à l'chitrouille», on mêle 320 g de farine et 10 g de levure de boulanger délayés dans du lait tiède (2 cuillères à soupe). Après 10 minutes de repos, on ajoute 5 jaunes d'œufs, 75 g de beurre fondu, 30 g de sucre et la purée de courge (600 g). Deux heures plus tard, on ajoute les blancs d'œufs et on confectionne les gaufres.
- Pour accompagner les gaufres picardes : une américaine Pumpkin spice latte ! On ajoute à un sirop de courge (25 cl de lait écrémé cuit avec 1 cuillère à soupe de purée et 1 de sirop d'agave) un expresso et une pincée de cannelle, de muscade, de cinq-épices. Le tout servi bien chaud et chapeauté de crème fouettée.

«Quand Simon et Jude n'apportent pas la pluie,
Elle n'arrive qu'à la Sainte Cécile» (28/10)

QU'EST-CE QUE C'EST ? LES FUMURES...

Autrefois toutes les cours de ferme contenaient un tas de fumier qui fumait en hiver, la fermentation faisant s'élever énormément sa température. De ce phénomène dérive le nom du fumier et par extension des fumures.

Le fumier, en se décomposant, va enrichir le sol en azote mais surtout en humus et donc améliorer sa structure et sa texture. Appliquez le fumier (toujours décomposé, jamais frais) sur la terre. Inutile de l'enfouir.

OCT./NOV.
[SEMAINE 44]

MÉMO POTAGER 2

Plantation
- ❒ ail blanc, violet : ....
- ❒ chicorées pain de sucre, italienne rouge : ....
- ❒ choux (kale, mizuna…), échalote grise : ....

Semis en pleine terre
- ❒ fève, pois, cerfeuil tubéreux : ....

Paillage de feuilles mortes des légumes de pleine terre
- ❒ poireaux, betterave, carottes… : ....

LUNDI 31
St Quentin
Halloween

14H54

MARDI 1
St Mathurin
TOUSSAINT

MERCREDI 2
St Marcien

12H49

JEUDI 3
St Hubert

VENDREDI 4
St Charles

20H02

SAMEDI 5
St Zacharie

DIMANCHE 6
Ste Bertille

« À la Saint Quentin, La chaleur a sa fin »

QU'EST-CE QUE C'EST ? HALLOWEEN

Halloween est un héritage de la fête rituelle de Samain il y a plus de 2 500 ans. On célébrait alors dans le monde celte la fin de l'été et le début de la nouvelle année qui avait lieu à la fin du mois d'octobre. Les Romains transformèrent le rite de Samain en fête des moissons en l'honneur de la déesse Pomone. Puis l'Église institua la Toussaint le 1er novembre. C'est donc la veille que se poursuivit la fête de Samain : la veille de tous les saints, c'est-à-dire en anglais, *All Hallows-Even*. Halloween donc !

« À la Saint Hubert,
Les oies sauvages fuient l'hiver » (3/11)

À REPÉRER : LES VOLS DE GRUES

Depuis toujours, les paysans et jardiniers guettent les vols en V des grues cendrées, accompagnés de cris puissants. En automne, ces grands oiseaux se rassemblent en Scandinavie et en Allemagne et traversent la France en diagonale pour rejoindre l'Espagne et l'Afrique du Nord. Différentes vagues de migration des grues vont ainsi s'échelonner de la mi-octobre jusqu'à fin janvier

En 2022, les vols de **grues cendrées** : ....

RECETTE DE SAISON : JE TRANSFORME NOIX ET NOISETTES…

L'hiver, de pleins paniers de noix et de noisettes se prêtent à tout moment à un grignotage. Une manne quand l'envie de confiserie se fait pressante au moment des fêtes. Rien de plus simple alors que de confectionner de la nougatine. Il suffit de faire un caramel ! On mouille 175 g de sucre avec 5 cl d'eau et l'on fait chauffer. Sans jamais remuer (là est le secret), on laisse le sirop se colorer et dès qu'il est doré, hors du feu, on lui ajoute 80 g de noix et/ou de noisette (amande, sésame…) concassées et torréfiées. Très vite, on verse le tout sur une plaque huilée. La préparation est liquide : elle s'étale et refroidit immédiatement. La nougatine se déguste en morceaux. Ou, mixée, elle devient un praslin que l'on verse sur du fromage blanc, que l'on glisse dans un crumble, sur un gratin de fruits…

NOVEMBRE
[SEMAINE 45]

MÉMO VERGER

Plantation
- ❐ des arbustes à racines nues : ....

Récolte
- ❐ des kiwis (après la chute des feuilles) : ......
- ❐ des kakis (après le dernier froid rigoureux) : ....

Taille et bouturage
- ❐ des cassissiers et groseilliers : ....

LUNDI 7 *Ste Carine* — 07 H 37

PROTÉGEZ LES ARTICHAUTS

Cette plante majestueuse est vivace… mais un peu frileuse. À l'arrivée des premières gelées, nouez le sommet des feuilles (de façon lâche). Buttez la base des pieds en la recouvrant de terre sur 20 cm de hauteur. Attention : veillez à ce que la terre ne pénètre pas au cœur de la plante. Lorsque les grands froids arriveront, couvrez cette butte de feuilles mortes, de fougères sèches ou de paille.

MARDI 8 *St Geoffroy* — NŒUD ASCENDANT

« Vent à la Saint Geoffroy,
Annonce de grands froids »

HIVERNEZ VOS DAHLIAS

Non seulement ces plantes originaires du Mexique craignent le froid mais également les sols humides en hiver.

MERCREDI 9 *St Théodore* — 05 H 32

1 - Coupez le feuillage 10 cm au-dessus du sol. Arrachez les souches, délicatement en les cernant à la fourche bêche : enfoncez les dents de l'outil tout autour du tubercule, puis, d'un petit mouvement vers l'arrière, décollez-le.

2 - Enfoncez à nouveau la fourche-bêche légèrement de biais devant un tubercule, et ramenez le manche vers le sol. En même temps, tirez sur les moignons de tige, sans forcer, pour sortir le tubercule de terre.

JEUDI 10 *St Léon*

3 - Étiquetez chaque souche et laissez-les sécher à l'abri. Au bout de quelques jours, secouez-les pour retirer le plus de terre possible, puis placez-les dans des cagettes. Stockez celles-ci dans un endroit sec et à l'abri du gel.

VENDREDI 11 *St Martin* *Armistice 1918*

« L'été de la Saint Martin,
Dure trois jours et un brin »

QU'EST-CE QUE C'EST ? L'ÉTÉ DE LA SAINT MARTIN

Comme les saints de Glace sont une période de retour de la fraîcheur au cœur du printemps, l'été de la saint Martin correspond à quelques jours de redoux (des vents du sud-ouest soufflant sur la France) alors que le froid s'est déjà installé. Mais pourquoi saint Martin ? La légende veut que lorsqu'en 397, le corps de cet évêque, alors très populaire, fut transféré à Tours, les buissons se mirent à refleurir sur son passage tout le long de la Loire ! Redoux et miracle associé, le 11 novembre devint l'été de la Saint Martin.

SAMEDI 12 *St Christian* — 02 H 23

DIMANCHE 13 *St Brice*

NOVEMBRE
[SEMAINE 46]

MÉMO JARDIN D'ORNEMENT

- ❒ Dernières tontes de pelouse : ....
- ❒ Arrachage des cannas et des dahlias pour les hiverner : ....
- ❒ Stockage des plantes gélives (pélargonium, dipladénias...) dans une pièce claire et fraîche : ....
- ❒ Arrachage des cannas et des dahlias pour l'hiver : ....

LUNDI 14 *St Sidoine* — APOGÉE 08 H 24

MARDI 15 *St Albert* — 23 H 31

MERCREDI 16 *Ste Marguerite*

JEUDI 17 *Ste Élisabeth*

VENDREDI 18 *Ste Aude* — 21 H 37

SAMEDI 19 *St Tanguy*

DIMANCHE 20 *St Edmond*

LA SAISON DU REPOS DE LA VÉGÉTATION

(novembre à mi-février)

De la chute des feuilles à la floraison des perce-neige

L'hiver est arrivé, cette période de l'année où les journées sont les plus courtes et les températures les plus basses. Il pleut ou il gèle souvent, il neige parfois mais il y a également souvent de belles journées ensoleillées qui permettent au jardinier de se promener en son domaine... et de rêver à ses futurs potager, massifs, verger.

À REPÉRER :

En 2022, début de la chute des **feuilles** : ....

RAMASSEZ LES FEUILLES MORTES...

... même celles des fruitiers ou des rosiers malades, tachées, atteintes par la tavelure, la moniliose ou autres champignons. Vous pouvez les composter sans crainte : la chaleur de la fermentation détruira les spores des champignons. Vous pouvez également les étendre au pied des légumes ou dans les massifs de fleurs. En effet les maladies sont spécifiques. Ainsi le mildiou de la tomate ne peut atteindre un pêcher et la cloque de ce dernier ne peut attaquer un rosier.

« Sainte Élisabeth nous montre quel bonhomme l'hiver sera »

CUEILLEZ LES PRUNELLES

Les baies du prunellier sont extrêmement âpres jusqu'à ce que le gel les métamorphose. Las, à ce moment-là les oiseaux ont bien souvent dévoré toutes les prunelles !

Prenez de vitesse les volatiles en cueillant les fruits avant l'arrivée des grands froids. Glissez-les dans un sac au congélateur.

Que faire ensuite des prunelles décongelées ? De la confiture ou un « gin maison » : 450 g de baies macérées avec le même poids de sucre dans 60 cl de vodka.

NOVEMBRE
[SEMAINE 47]

MÉMO CUEILLETTE SAUVAGE

- ❐ baies d'arbousier : ....
- ❐ argousier : ....
- ❐ aubépine : ....
- ❐ églantier : ....
- ❐ prunellier : ....
- ❐ néflier : ....

LUNDI 21
Ste Coline

MARDI 22
Ste Cécile
08 H 03 ▶
NŒUD DESCENDANT ▶
▶

MERCREDI 23
St Clément
20 H 44 ▶

JEUDI 24
Ste Flora

VENDREDI 25
Ste Catherine
▶
16 H 57 ▶

SAMEDI 26
Ste Delphine
PÉRIGÉE ▶

DIMANCHE 27
St Séverin
AVENT
21 H 22 ▶

« Pour la Sainte Cécile, chaque fève en fait mille » (22/11)

SEMEZ UN ENGRAIS VERT D'HIVER

Après les dernières récoltes d'octobre, souvent le sol du potager reste nu. Ensemencez les parcelles dénudées avec de la féverole. Le froid ? Même pas peur ! Parfaitement rustique cette plante germe même à basse température. Elle devrait donc occuper le terrain tout l'hiver jusqu'aux prochains semis et plantations. Vous pourrez la laisser fleurir et même fructifier : ses petits grains se récoltent et se consomment en juin-juillet comme les petites fèves qu'elles sont.

POURQUOI PAS ? UN GOUMI DU JAPON

Il s'agit d'un éléagnus au joli feuillage gris-vert qui séduit par ses tiges rouges en hiver mais surtout par sa floraison printanière qui est délicieusement parfumée. Le goumi offre, de juin à août, une abondance de petits fruits rouges, ovales, curieusement portés par de longs pédoncules. Légèrement astringents, acidulés et parfumés ils plaisent autant aux oiseaux qu'aux jardiniers gourmands.

« À sainte Catherine, Tout bois prend racine » (25/11)

« TOUT BOIS PREND RACINE » DONC… BOUTUREZ !

Le 25 novembre marque traditionnellement le repos végétatif des plantes. Une période durant laquelle on peut installer en pleine terre des arbres à racines nues. Cependant ce n'est pas à la plantation (mieux vaut planter en septembre-octobre, dans un sol chaud et humide) que se réfère cet adage mais bien au bouturage des tiges aoûtées, ligneuses, du « bois ».

QU'EST-CE QUE C'EST ? L'AVENT (27/11)

Il s'agit d'une période d'environ quatre semaines pour se préparer au retour du Christ. Elle commence le quatrième dimanche avant Noël. Autrefois on tressait des couronnes de branches de sapin sur lesquelles on disposait quatre bougies pour représenter ces quatre semaines d'attente. Tradition que l'on peut toujours perpétuer en préparant ces cercles de branchages décorés.

NOV./DÉC.

[SEMAINE 48]

LUNDI
28
St Sosthène

MARDI
29
St Saturnin

18 H 24

MERCREDI
30
St André

JEUDI
1
Ste Florence

VENDREDI
2
Ste Viviane

01 H 36

SAMEDI
3
St Fr.-Xavier

DIMANCHE
4
Ste Barbe

13 H 55

SOS : IL Y A DES MOMIES DANS MES ARBRES

La moniliose est la plaie de nombre d'arbres fruitiers, et plus particulièrement des cognassiers. On la reconnaît facilement à ses moisissures : des coussinets beiges qui encerclent les fruits. Ceux-ci noircissent, se dessèchent : ils se momifient. Ils constituent avec les feuilles également atteintes et tombées sur le sol une réserve de spores de champignons qui contamineront les prochains fruits.

La maladie est très difficile à traiter. Les produits à base de cuivre ne sont que préventifs. Mais vous pouvez toutefois limiter la maladie en retirant les momies et en les brûlant.

FAITES UN IGLOO POUR VOS AGRUMES

Les agrumes ne peuvent pas être hivernés en intérieur. Dès lors, comment les protéger du gel dans le jardin ? En leur construisant un abri :

- Placez le pot du citronnier dans un endroit abrité du vent (contre un mur au nord par exemple). Enveloppez-le d'un, deux ou trois voiles d'hivernage en nouant ceux-ci sous le rebord du pot.
- Très important : arrosez la plante enveloppée. L'humidité tapisse l'intérieur du voile et, en gelant, forme une couche de glace protectrice.

FÊTEZ SAINTE BARBE

À la mode provençale : en semant du blé (ou des lentilles) dans 3 coupelles, celles-ci représentant la Trinité. La tradition veut que si le blé est bien germé le 25 décembre, la moisson suivante sera bonne.

DÉCEMBRE
[SEMAINE 49]

MÉMO POTAGER 2

Recouvrir
- ❐ les légumes racines restant en place sous une couche de feuilles mortes : ....

Remiser
- ❐ les tuyaux d'arrosage, les poteries. ....

Nettoyer et entreposer
- ❐ les outils de jardinage : ....

LUNDI 5 — *St Gérard* — NŒUD ASCENDANT

MARDI 6 — *St Nicolas* — 12H38

MERCREDI 7 — *St Ambroise*

JEUDI 8 — *St Macaire*

VENDREDI 9 — *Ste Léocadie* — 09H50

SAMEDI 10 — *St Romaric*

DIMANCHE 11 — *St Daniel* — 15H47

UNE HAIE ZÉRO DÉCHET

Économiser taille-haie et broyeur, c'est possible ! Comment ? En recépant les arbustes au feuillage caduc de la haie plutôt que de réduire sa hauteur et sa largeur. L'entretien des arbustes de la haie consiste ensuite à couper, chaque année, une branche sur trois, en choisissant les plus anciennes.

Dès lors on ne se trouve non plus avec des déchets de tailles mais avec des branches que l'on peut utiliser comme perches et tuteurs ou comme petit bois de chauffage (cf p. 95).

QU'EST-CE QUE C'EST ? NOTRE DAME DE LA NEIGE

Sainte Eulalie de Mérida est parfois encore invoquée pour que tombe la neige. Sa légende raconte en effet que le corps nu de cette jeune chrétienne du IVe siècle, jeté à la rue après son exécution, fut recouvert d'une miraculeuse chute de neige. Qui ensevelit de nouveau sa tombe lors de son inhumation, comme un linceul pur et céleste.

RECETTE DE SAISON : TROP DE BETTE ?

Qu'en faire ? Plein de préparations. En effet, tout se mange chez la bette. Les tiges charnues ciselées puis blanchies sont revenues dans une sauteuse, ou cuites à l'étouffe, ou gratinées. Les feuilles (le «vert» des bettes) se préparent comme les épinards : réduites dans une casserole, à sec. Cette fondue sert de base à des veloutés, des quiches, des flans…

QUELQUES IDÉES EN VRAC POUR UTILISER CE LÉGUMES « DEUX EN UN » :

- Une poêlée de feuilles et de côtes ciselées, avec des zestes d'orange, des copeaux de parmesan, à mêler à des tagliatelles.
- de petits chaussons farcis d'une fondue de bettes additionnées de lardons et de raisins secs.
- une pastilla : farce mêlant agneau haché, côtes de bettes, et cannelle, entre des feuilles de brick, le tout saupoudré de sucre glace.

DÉCEMBRE
[SEMAINE 50]

MÉMO VERGER

Taille
- ❒ des fruitiers à pépins : ....
- ❒ et les arbustes à petits fruits (hors période de gel) : ....

Inspection du fruitier pour retirer
- ❒ les pommes : ....
- ❒ poires : ....
- ❒ et autres fruits abîmés : ....

LUNDI 12 *St Corentin* — APOGÉE

MARDI 13 *Ste Lucie* — 07 H 02

MERCREDI 14 *Ste Odile*

JEUDI 15 *Ste Ninon*

VENDREDI 16 *Ste Alice* — 06 H 14

SAMEDI 17 *St Judicaël*

DIMANCHE 18 *St Gatien*

ZOOM SUR LE LIERRE

Le lierre est un précieux hôte de la petite faune du jardin. Sa floraison automnale est une des dernières avant l'entrée en hibernation des insectes. Son feuillage persistant, dense, sert de refuge hivernal à de nombreux insectes (notamment au papillon Citron, p. 53), aux araignées, et à nombre d'oiseaux qui cachent leur nid au milieu de ses branches entrecroisées : troglodyte mignon, roitelet, merle, grive… Nombre de ces volatiles (et plus particulièrement la tourterelle et le pigeon) dégustent avec gourmandise ses baies (qui mûrissent de mars à mai). Plusieurs chenilles de papillons consomment les feuilles de lierre : la maure, la laurentie verdâtre, l'argus à bande noire…

« Quand à la Sainte Odile tombe la neige,
le gel est souvent du cortège. »

CHOUCHOUTEZ LES OUTILS

Les bons outils sont coûteux. La mauvaise saison, alors que le jardin est au ralenti, est la période idéale pour les entretenir. Lavez les parties métalliques des outils, puis essuyez-les avec un chiffon imprégné d'huile. Affûtez le tranchant des bêches et des houes avec une petite lime. Enfin badigeonnez les manches en bois avec un mélange d'huile de lin (préalablement tiédie au bain-marie) et d'essence de térébenthine.

LE PETIT BOIS DE VOTRE JARDIN

Le recépage et l'entretien d'un haie, des arbustes du jardin, fournissent parfois du petit bois de chauffage. Utilisez-le en fonction du diamètre des branches coupées. Ainsi les rondins (6-14 cm) et la charbonnette (5-6 cm) alimentent le feu. Faites des fagots avec les ramilles de moins de 5 cm de diamètre ; elles vous serviront à démarrer l'allumage des poêles, cheminées, barbecue.

« Si décembre fait le tendre, crois-moi, l'hiver n'est pas loin,
Il est là à la Saint Gatien »

DÉCEMBRE
[SEMAINE 51]

MÉMO JARDIN D'ORNEMENT

Vidange
- ❒ des réservoirs d'essence des tondeuses : ....
- ❒ et autres machines à moteur : ....

Nettoyage des feuilles tombées sur les bassins et autres points d'eau : ....

Paillage des massifs avec des feuilles mortes : ....

LUNDI 19 *St Urbain* — 18 H 38

MARDI 20 *St Théophile* — NŒUD DESCENDANT

MERCREDI 21 *St Pierre C. SOLSTICE* — 07 H 42

JEUDI 22 *Ste Fr-Xavière*

VENDREDI 23 *St Armand* — 03 H 34

SAMEDI 24 *Ste Adèle* — PÉRIGÉE

DIMANCHE 25 *NOËL* — 06 H 35

RECETTES DE SAISON : SPÉCIAL ZÉRO DÉCHET

Épluchures, écorces d'orange… En hiver, la cuisine s'encombre vite de nombreux déchets. Voici 2 recettes pour les recycler d'une façon gourmande :

Fini les bouillon-cubes !

Transformez les épluchures en concentré de légumes. Glissez les pelures du jour au congélateur et, lorsque leur quantité est suffisante, mixez-les avec du gros sel (à raison de 250 g par kg). Versez la pâte obtenue dans de petits bocaux entreposés à l'abri de la lumière. Ils peuvent se conserver 6 mois mais mieux vaut les préparer au fur et à mesure des besoins. Utilisez ce concentré de légumes dans les sauces, pour confectionner un bouillon (2 cuillères à café par litre de liquide chaud), saupoudré sur des poêlées…

Écorces d'orange métamorphosées

Taillez les écorces de 5 oranges en lanières et faites-les cuire, à couvert, dans 1 l d'eau bouillante pendant 1 h. Ajoutez ensuite 500 g de sucre et poursuivez la cuisson pendant 30 min. Après une journée de repos, faites de nouveau bouillir les écorces dans leur sirop, à petit feu jusqu'à ce qu'il se soit évaporé. Placez les bâtonnets sur une grille à feu très doux (40 °C, th. 1) pendant 2 à 3 h. Plongez-les ensuite dans du chocolat noir fondu et laissez-les refroidir. Ces orangettes peuvent se conserver au moins 3 mois dans une boîte métallique.

NETTOYEZ LES NICHOIRS

Décrochez les nichoirs et enlevez les restes de nids (les oiseaux ne les occupent qu'un an, puis les abandonnent) et les dépôts qui s'y trouvent. Vérifiez à cette occasion l'étanchéité des cloisons pour les réparer si besoin.

DÉC./JANV.
[SEMAINE 52]

LUNDI
26
St Étienne

MARDI
27
St Jean l'Apôtre

02 H 02

MERCREDI
28
Sts Innocents

JEUDI
29
St David

07 H 44

VENDREDI
30
St Roger

SAMEDI
31
St Sylvestre

18 H 48

DIMANCHE
1
Ste Marie

L'HIVER DES POLLINISATEURS

À la mauvaise saison, les butineurs hivernent, c'est-à-dire que la température de leur corps s'abaisse considérablement afin qu'ils économisent leur énergie jusqu'au retour du printemps.

- Les bourdons et les abeilles solitaires passeront ainsi l'hiver sous forme de femelles fécondées dans les nids qu'elles auront élaborés, dans le sol, les enduits des murs, sous les pierres… Pour faciliter cet hivernage, vous pourrez acquérir des nichoirs à bourdons, des bûches percées et autres éléments des jolis « hôtels à insectes » commercialisés. Plus simplement, vous pourrez préserver les micro-habitats naturels de ces pollinisateurs et installer des fagots de tiges creuses et/ou à moelle où plusieurs abeilles sauvages passent l'hiver.
- Les papillons eux aussi hivernent, sous forme d'adultes dans les arbres (à ce titre, le prunellier est un vrai dortoir à lépidoptères), mais aussi dans les caves et les greniers, les cabanons… La majorité d'entre eux passent toutefois l'hiver sous forme d'œufs, de chenilles et de chrysalides accrochés à des plantes. En conséquence, pour les préserver, mieux vaut attendre le printemps pour faire le grand nettoyage du jardin.
- Les abeilles domestiques sont une exception. Elles n'hivernent pas, mais hibernent. Leur métabolisme n'est pas modifié, leur activité est simplement ralentie. Des « abeilles d'hiver », des ouvrières nées en automne, assistent la reine et en frottant leurs ailes en rythme maintiennent la chaleur au cœur de la ruche.

CHAULER LES TRONCS DES FRUITIERS ? ÉVITEZ !

On recommandait autrefois de brosser les troncs des arbres afin d'éliminer lichens et mousses puis de les badigeonner de chaux. L'opération a pour but d'éliminer les acariens, cochenilles, vers et autres plaies du verger. Malheureusement, elle détruit aussi tous les auxiliaires qui limitent naturellement les ravageurs.